Andrea Erkert

Kinder brauchen Herzensbildung

Spiele und andere Angebote zur Förderung der emotionalen Intelligenz

Andrea Erkert

Kinder brauchen Herzensbildung

Spiele und andere Angebote zur Förderung der emotionalen Intelligenz

verlag modernes lernen

Unser Buchprogramm im Internet: www.verlag-modernes-lernen.de

Unser Buch-Shop im Internet: www.verlag-modernes-lernen.de

Externe Links
Der Verlag weist ausdrücklich darauf hin, dass eventuell im Text enthaltene externe Links vom Verlag nur bis zum Zeitpunkt der Buchveröffentlichung eingesehen werden konnten. Auf spätere Veränderungen hat der Verlag keinerlei Einfluss. Eine Haftung des Verlages ist daher ausgeschlossen.

Folgen Sie uns auf  

Gesamtherstellung in Deutschland: Löer Druck GmbH, Dortmund

Schrift: Alegreya Sans

Titelbild: © yanadjan – stock.adobe.com

Bestell-Nr. 1323 ISBN 978-3-8080-0893-5

Inhalt

Vorwort

Kinder sollen glücklich sein, ihre Stärken entdecken und es in ihrem Leben gut haben. Deshalb brauchen Kinder bereits in der Kita Bildungschancen für ihr persönliches Weiterkommen. Eines ist jedoch klar: Bildung ist mehr als die Aneignung von Wissen. Ein vielzitierter Spruch, der von dem Schweizer Pädagogen und Sozialreformer Johann Heinrich Pestalozzi stammt, lautet:

„Lernen mit Kopf, Herz und Hand."

Die eindringlichen Worte machen deutlich, was eine ganzheitliche Bildung ausmacht. Fühlen, Denken und Handeln sind nämlich eng miteinander verbunden. Deshalb sollen die Kinder sich auch als Persönlichkeit mit Herz und Verstand begreifen lernen.

Herzensbildung, oder anders ausgedrückt emotionale Intelligenz, ist heutzutage im digitalen Zeitalter wichtiger denn je, denn es geht in erster Linie um mitmenschliche Qualitäten, die bei Kindern nach neuesten Erkenntnissen (vgl. Wittmer 2019) zwar von Geburt an angelegt sind, die aber gefördert und weiterentwickelt werden müssen. Damit dies gelingt, brauchen Kinder von klein auf Liebe, Geborgenheit, Orientierung, Sicherheit und Halt. Des Weiteren brauchen sie Eltern und ErzieherInnen, die ihnen Empathie, Rücksicht, Toleranz und soziales Miteinander vorleben.

Nicht zuletzt sind Selbstliebe, Selbstvertrauen und der Mut, gerade auch bei Schwierigkeiten den eigenen Weg zu gehen, zentrale Bestandteile der Herzensbildung. Damit jedoch die Kinder positive Charaktereigenschaften und soziale Kompetenzen entwickeln, bedarf es nicht nur viel Übung und Zeit, sondern auch Eltern und ErzieherInnen, die an sie glauben, ihre Stärken erkennen und fördern.

Wenn wir also wollen, dass unsere Kinder nicht nur viel Wissen anhäufen, sondern auch das Herz am richtigen Fleck haben, müssen hierfür die Weichen bereits vor Schuleintritt gestellt werden. Dabei ist es wichtig, dass wir unsere Kinder als Individuen mit all ihren Stärken und Schwächen wahrnehmen und wertschätzen. Die Kita ist geradezu ideal, um im zwischenmenschlichen Bereich voneinander zu profitieren und somit die emotionale Intelligenz zu fördern.

„Erziehung ist Beispiel und Liebe, sonst nichts."

*Friedrich Fröbel (*1782–1852), deutscher Pädagoge, Schüler Pestalozzis und Begründer des „Kindergartens"*

Die Praxisideen aus diesem Buch

Das Buch enthält sieben Kapitel, die stets mit viel Wissenswertem und wertvollen Tipps starten. Danach folgen zahlreiche erprobte Praxisideen für Kinder im Alter von 3 bis 6 Jahren, die das Herz berühren und insgesamt die sozial-emotionale Entwicklung fördern.

Die Praxisideen sind so aufgebaut, dass keine nervenaufreibenden Vorbereitungen erforderlich sind. Vielmehr werden, falls überhaupt, einfache Materialien verwendet, die in jeder Kita bereits vorhanden sein dürften.

Gespielt wird prinzipiell mit mehreren oder gar allen Kindern in der Gruppe. Am Tisch, im Stuhlkreis oder auf einem überschaubaren Spielfeld können die Kinder dann unterschiedliche Gruppenkonstellationen kennenlernen und sich auf verspielte Weise besonders gut emotional und kognitiv in andere hineinversetzen lernen.

Des Weiteren geht es um die Entfaltung der Persönlichkeit sowie darum, soziale Fähigkeiten gelingend zu gestalten und sich selbstbewusst den alltäglichen Herausforderungen zu stellen. Indem die Kinder lernen gute Beziehungen zu anderen aufzubauen, wird das Selbstvertrauen und die innere Zufriedenheit gefördert.

Damit Sie jedoch möglichst schnell das parat haben, was Sie gerade für Ihre Kindergruppe brauchen, wurden alle Praxisideen je nach Schwerpunkt den einzelnen Kapitelthemen zugeordnet, die allesamt jeweils eine Altersangabe als Orientierungshilfe enthalten. Darüber hinaus wurden Angaben zu den Materialien, der Sozialform und dem Zeitaufwand gemacht.

Im Grunde genommen ist alles so gut durchdacht, dass Sie jederzeit und nahezu überall mit Ihrer Kindergruppe loslegen können.

Viel Spaß und Erfolg

wünscht

Andrea Erkert

„Der Mensch, wenn er werden soll, was er sein muss, muss als Kind sein und als Kind tun, was ihn als Kind glücklich macht."

Johann Heinrich Pestalozzi (1746–1827), Schweizer Pädagoge und Sozialreformer

Meine Gefühle und Emotionen

Spielerisch die eigenen Gefühle bewusst wahrnehmen und die Impulse aus den eigenen Emotionen heraus kontrollieren und lenken lernen

Kinder spielen und lernen am besten, sobald sie mit ganzem Herzen dabei sind. Sind sie sich ihrer selbst bewusst und glückselig mit dem, was sie gerade tun, dann lassen sie sich auch nicht so schnell aus der Bahn werfen, wenn etwas nicht auf Anhieb klappen sollte.

Wie agieren Kinder jedoch, wenn sie müde, frustriert oder gar krank sind? Und wie fühlen sie sich, wenn sie von anderen geärgert werden oder sich einfach gestört fühlen?

Sollen Kinder einen kühlen Kopf bewahren, dann müssen sie wissen, was sie in bestimmten Situationen tun können, damit sie nicht machtlos ihren Emotionen ausgeliefert sind.

In diesem Kapitel dürfen die Kinder sich nun mit Gefühlen, die guttun und solchen, die eher ein ungutes und somit ein schlechtes Gefühl im Bauch erzeugen, auseinandersetzen. Dabei wird den Kindern bewusst gemacht, dass Gefühle ganz schön facettenreich sind. Die Kinder lernen spielerisch, dass sie negative Gefühle, wie Ärger, Wut und Zorn nicht zu unterdrücken brauchen, sondern darüber sprechen können. Emotionen bzw. Affekte sind jedoch ein direkter Ausdruck von Befindlichkeiten und viel schwerer zu kontrollieren. Es ist empfiehlt sich also, dass Kinder bereits in der Kita üben, in bestimmten Situationen spontanen Handlungsimpulsen zu widerstehen und sich somit willentlich zu stoppen. Durch die nachfolgenden Praxisideen lernen sie vor allem auch, erst zu denken und dann zu handeln und, falls erforderlich, die eigenen Bedürfnisse, Wünsche und Anliegen zurückzustellen.

„Die Erfahrung lehrt uns, dass die einzelnen Farben besondere Gemütsstimmungen geben.“

Johann Wolfgang von Goethe (1749–1832), einer der bedeutendsten Repräsentanten der deutschsprachigen Dichtung

Wir sind fröhliche Kinder

Alter: ab 4 Jahren

Material: für jedes Kind 1 weißes DIN-A3-Blatt Papier, Wachsmalstifte; evtl. ein paar Zeitschriften, 1 helles DIN-A2-Tonpapier, Scheren und Klebstifte

Sozialform: Klein- oder Großgruppe

Zeitaufwand: 10–15 Minuten

Spielverlauf:
Die Kinder holen sich ihre Malsachen und setzen sich um einen Tisch herum. Miteinander besprechen sie, wie sie wohl aussehen, wenn sie glücklich sind, sich riesig über ein Geschenk, einen Freund oder gar über ihr Können freuen. Auf Ihre Anweisung hin, sollen die Kinder der Reihe nach einen fröhlichen Gesichtsausdruck machen, indem sie z. B. mit hochgezogenen Mundwinkeln lächeln und dabei ihre Augen strahlen lassen. Wer möchte, darf auch aufstehen und durch seine Körperhaltung signalisieren, wie ein fröhliches Kind aussehen kann. Dabei können sie beide Arme in die Luft werfen, einen Luftsprung machen oder einfach jemand anderen vor Freude umarmen.
Im Anschluss daran dürfen alle sich selbst mit einem fröhlichen Gesichtsausdruck porträtieren. Die fertigen Kunstwerke dürfen die Kinder am Tisch oder, falls viele Kinder mitmachen, im Stuhlkreis der Reihe nach vorstellen. Auf diese Weise wird allen noch einmal bewusst gemacht, wie ein fröhliches und somit auch glückliches Kind aussehen kann.

Variante:
Anstelle sich selbst zu porträtieren, können die Kinder aus Zeitschriften Bilder ausschneiden, auf denen Menschen abgebildet sind, die einen fröhlichen Gesichtsausdruck haben. Die Bilder kleben sie dann gemeinsam auf ein großes Tonpapier. Sobald die Collage fertiggestellt ist, nehmen sie die dort abgebildeten Menschen noch einmal in Augenschein.

Wie sehe ich aus, wenn ich fröhlich bin? Indem die Kinder ein dazu passendes Selbstporträt malen und die Bilder miteinander vergleichen, werden sie viele Gemeinsamkeiten, wie z. B. einen hochgezogenen Mundwinkel, der auf Freunde hindeutet, entdecken. Ziel ist es, dass die Kinder Glücksgefühle mit einem fröhlichen Gesichtsausdruck verbinden und so auch erkennen, ob sie selbst oder jemand anderes glücklich ist oder nicht.

Was mich glücklich macht

Alter: ab 3 Jahren

Material: Spielsachen im Gruppenraum

Sozialform: Kleingruppe

Zeitaufwand: 5–10 Minuten

Spielverlauf:

Die Kinder sitzen zusammen am Tisch.
Fragen Sie die Kinder, welche Spiele ihnen besonders gefallen. Die Kinder dürfen sich dann im Gruppenraum jeweils etwas Schönes aussuchen, das sie auf den Tisch legen. Sobald alle Kinder zusammen am Tisch sitzen, darf jedes Kind kurz erzählen, weshalb es sich gerade für das von ihm ausgewählte Spielzeug entschieden hat. Dabei darf es auch erzählen, mit wem es in der Gruppe vielleicht auch damit am liebsten spielt.
Ziel ist es, dass die Kinder erkennen, wie viel Spielfreude sie nicht nur alleine, sondern auch gemeinsam haben können.

Variante:

Legen Sie auf einen Tisch ein paar Spielsachen, wie z. B. einen Ball, ein Springseil, eine Puppe und ein Spielzeugauto.
Eines der Kinder beginnt und sucht sich davon etwas aus, das ihm besonders gut gefällt. Es darf seine Auswahl kurz begründen und dabei auch sagen, mit wem es damit schon einmal gespielt hat.
Im Anschluss daran darf dasjenige Kind, das links neben ihm am Tisch sitzt, das Spiel fortsetzen, indem es das gleiche Spielzeug auswählt oder sich etwas Neues aussucht. Dabei darf es auch sagen, mit wem es damit gerne spielt.
Auf diese Weise geht's immer weiter, bis alle Kinder an der Reihe gewesen sind.

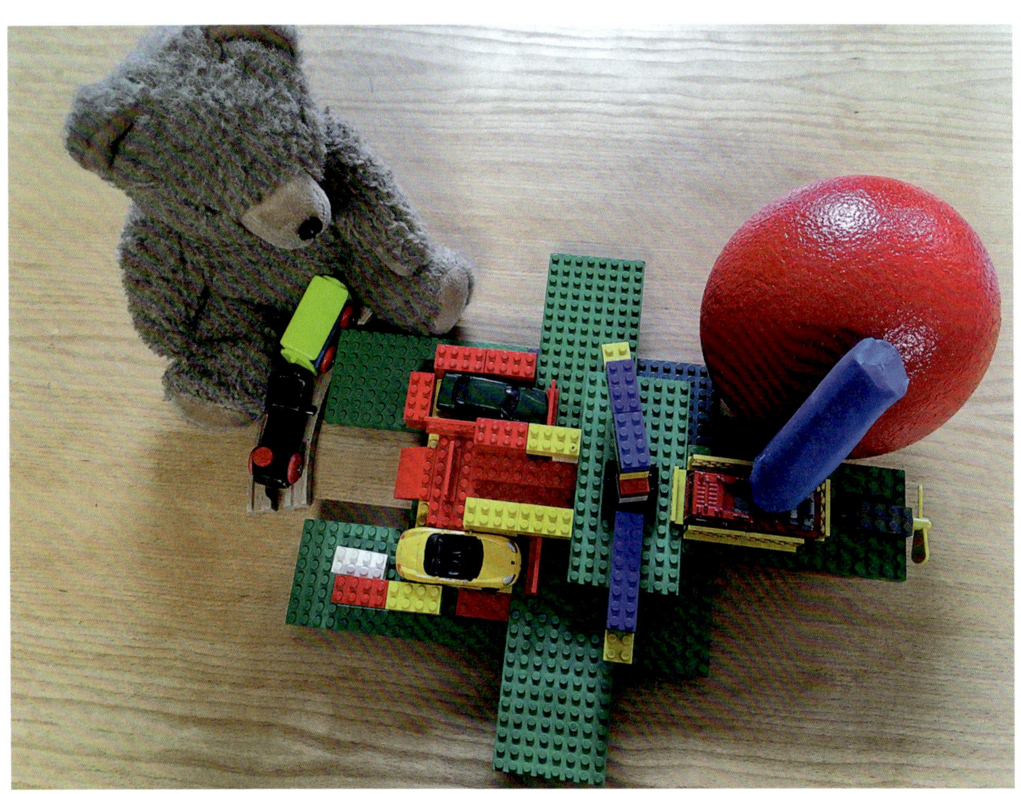

Indem die Kinder sich gegenseitig ihre Favoriten in puncto Spielsachen präsentieren, werden sie bestimmt auch Übereinstimmungen finden. Unabhängig davon können sie auch Gefallen an den anderen Spielsachen haben, sodass sie ohne viel Zutun zu neuen Spielideen kommen können, die sie froh und glücklich machen.

So riecht Glück

Alter: ab 5 Jahren

Material: –

Sozialform: Kleingruppe

Zeitaufwand: 3–5 Minuten

Spielverlauf:
Erzählen Sie den Kindern am Tisch oder im Kreis, dass typische Gerüche wie z. B. Zimt, Nelken und Vanille gerne mit der Weihnachtszeit verbunden werden und angenehme Gefühle wecken. Und wenn man an die ersten frischen Erdbeeren denkt oder den frisch gebackenen Lieblingskuchen riecht, dann läuft einem ebenfalls schnell das Wasser im Munde zusammen.
Die Kinder sollen nun darüber nachdenken, welche Gerüche oder Geschmacksrichtungen sie besonders gerne mögen, die vielleicht auch mit schönen Erinnerungen verbunden sind. Dabei muss es sich jedoch nicht immer zwangsläufig um Genussmittel handeln.

Ein beliebiges Kind fängt an und sagt z. B:

„Glück schmeckt wie Vanilleeis!"

Oder:

„Glück riecht wie Urlaub im Heuhotel!"

Im Anschluss daran darf das Kind kurz über seine Erlebnisse berichten, bevor dasjenige Kind, das links neben ihm sitzt, das Spiel fortsetzt, indem es z. B. sagt:

„Glück riecht wie ein Lavendel-Entspannungsbad!"

Auf diese Weise geht es ringsherum so lange weiter, bis jedes Kind sagen konnte, wie seiner Meinung nach Glück riechen und/oder schmecken kann.

Gerüche können unterschiedlich wahrgenommen werden und nicht jedem schmeckt das, was ein anderer gerne isst. Beides hat also eine Wirkung auf den Menschen. Dabei soll den Kindern mithilfe der Praxisidee auch bewusst gemacht werden, dass sie mit dem, was sie riechen und/oder schmecken, die verschiedensten Emotionen, Situationen oder Orte assoziieren können, die im besten Fall Wohlbefinden auslösen und das Herz erfreuen können.

Warum Schenken glücklich macht

Alter: ab 5 Jahren

Material: 1 kleiner Ball

Sozialform: Kleingruppe

Zeitaufwand: 3–5 Minuten

Spielverlauf:

Die Kinder bilden einen Stuhlkreis.
Zu Beginn können Sie die Kinder fragen, ob sie glauben, dass Schenken auch Freude bereiten kann. Lassen Sie die Kinder aus dem Nähkästchen plaudern, bevor sie Folgendes machen:

Eines der Kinder beginnt und holt sich einen kleinen Ball. Es wendet sich seinem linken Nachbarkind zu und sagt z. B.:

„Ich möchte dir gerne den Ball schenken!"

Das betreffende Kind macht ebenfalls einen freudigen Gesichtsausdruck und bedankt sich. Dieses Kind wiederum tut es ihm gleich, indem es sich seinem linken Nachbarkind zuwendet und den Ball auf die gleiche Weise übergibt.
Das Spiel ist aus, sobald das erste Kind in der Runde wieder den Ball in den Händen hält.
Im Anschluss daran sollten Sie die Kinder noch einmal darauf hinweisen, wie sehr sich andere über Kleinigkeiten freuen können. Dabei können Sie den Kindern am besten anhand einer eigenen Erfahrung noch einmal bewusst machen, dass nicht nur Nehmen, sondern auch Geben glücklich machen kann.

Warum macht Schenken glücklich? Wer anderen aus vollem Herzen eine kleine Freude bereitet, fühlt sich in der Regel auch selbst glücklicher.
Bei dieser Praxisidee sollen die Kinder bewusst den Gesichtsausdruck ihres Partnerkindes wahrnehmen, sobald sie ihm den kleinen Ball schenken bzw. übergeben. Dabei sollen sie auch herausfinden, wie es ihnen dabei geht.

Traurig oder fröhlich?

Alter: ab 4 Jahren

Material: für jedes Kind 2 unbedruckte Bierdeckel o. Ä., Wachsmalstifte

Sozialform: Klein- oder Großgruppe

Zeitaufwand: 10–15 Minuten

Vorbereitung:
Die Kinder sitzen zusammen am Maltisch und erhalten jeweils zwei unbedruckte Bierdeckel. Auf den einen malen sie einen fröhlichen und auf den anderen einen traurigen Gesichtsausdruck, siehe Bildbeispiel auf Seite 21.

Spielverlauf:
Die Kinder nehmen ihre Bierdeckel und bilden einen Stuhlkreis.
Die Aufgabe der Kinder besteht nun darin, gut zuzuhören. Während Sie der Reihe nach positive oder negative Nachrichten in einem Satz mitteilen, sollen die übrigen Kinder spontan entscheiden, ob sie das fröhlich oder traurig stimmt. Dementsprechend sollen sie dann den Bierdeckel mit dem dazu passenden aufgezeichneten Gesichtsausdruck für alle gut sichtbar in die Luft halten. Sollte jedoch ein Kind oder gar mehrere Kinder eine andere Meinung als die Mehrzahl vertreten, besteht natürlich Redebedarf.

Beispiele für Fröhlichkeit:

„Stell dir vor, ...
- dass deine Mutter deinen Lieblingskuchen backt. Freust du dich oder nicht?
- deine Familie macht mit dir einen tollen Ausflug. Was empfindest du dabei?
- du hast ein ausgesprochen tolles Bild gemalt. Wie geht es dir dabei?“

Beispiele für Traurigkeit:

„Stell dir vor, ...
- du bist hingefallen und keiner kümmert sich um dich! Wie fühlst du dich?
- niemand spielt mit dir? Bist du glücklich oder traurig?
- dein Lieblingsspielzeug ist verschwunden. Wie geht es dir dabei?“

Mithilfe der Praxisidee sollen die Kinder bewusst herausfinden, was sie fröhlich oder traurig macht. Damit das jedoch gelingt, müssen sie aufmerksam zuhören und sich in verschiedene Situationen, die sie erzählt bekommen, hineinversetzen können.

KönigIn der Herzen

Alter: ab 5 Jahren

Material: 2–3 rote DIN-A2-Tonpapiere, Bleistift, Scheren

Sozialform: Klein- oder Großgruppe

Zeitaufwand: 5–10 Minuten

Vorbereitung:
Kopieren Sie die Herz-Schablone von S. 23, die Sie ausschneiden. Das Papierherz legen Sie dann auf ein rotes Tonpapier und zeichnen den Umriss ab. Auf diese Weise zeichnen Sie noch weitere Herzen auf, die die Kinder ausschneiden dürfen.

Spielverlauf:
Die Kinder bilden einen Stuhlkreis.
Zu Beginn besprechen Sie mit den Kindern, wie man aussehen kann, wenn man fröhlich, traurig, ängstlich oder gar wütend ist. Dabei können z. B. die folgenden Aussagen gemacht werden:

- *Fröhlich:* Aufrecht, Arme zum Umarmen jemandem entgegen strecken und dabei strahlen.
- *Traurig:* In sich zusammensinken, die Augen reiben oder gar weinen.
- *Angst:* Zittern, sich klein machen und Hände vor das Gesicht halten.
- *Wütend:* Auf den Boden stampfen, Arme vor dem Brustkorb verschränken, Lippen zusammenpressen.

Im Anschluss daran stellen Sie sich in die Kreismitte, um den Kindern eines der oben genannten Gefühlen pantomimisch vorzustellen. Dasjenige Kind, das besonders schnell weiß, wie Sie sich gerade fühlen, erhält von Ihnen ein Papierherz. Danach geben Sie entweder den gleichen oder einen anderen Gefühlszustand pantomimisch zum Besten, den die Gruppe herausfinden soll.
Das Spiel ist aus, sobald alle Papierherzen verteilt wurden. Wer die größte Anzahl an Herzen hat, wird von Ihnen namentlich zum König oder zur Königin der Herzen ernannt.

Kopiervorlage

Was mich zur Weißglut bringt

Alter: ab 3 Jahren

Material: 1 roter Softball; evtl. 1 roter und grüner Softball

Sozialform: Klein- oder Großgruppe

Zeitaufwand: 5–10 Minuten

Spielverlauf:
Die Kinder sitzen zusammen im Stuhlkreis, in dessen Mitte Sie einen kleinen roten Ball legen.
Machen Sie nun das, was Sie sich für den Stuhlkreis vorgenommen haben.
Das kann ein Spiel oder einfach ein Bilderbuch vorlesen sein. Das geht so lange, bis ein Kind ein anderes stört oder ärgert. Sobald sich das betreffende Kind darüber beschweren möchte, bitten Sie es zunächst, den roten Ball an sich zu nehmen, bevor es seinem Ärger Luft macht. Auf diese Weise können die Kinder allein schon durch die Signalfarbe Rot sehen, dass das Kind gerade innerlich kocht. Sollte jedoch das andere Kind sich auch über das betreffende Kind geärgert haben, dann bekommt es natürlich auch den Ball.
Im Anschluss daran dürfen alle Kinder nach Lösungsmöglichkeiten suchen, bevor der Ball wieder in die Kreismitte gelegt wird und Sie mit Ihrem Angebot fortfahren können.

Variante:
Zum Abschluss des Stuhlkreises legen Sie zwei Bälle, einen roten und einen grünen, in die Kreismitte. Die Kinder melden sich per Handzeichen, die sich über den Verlauf im Morgenkreis äußern wollen. Sie rufen dann eines der Kinder namentlich auf. Je nachdem, wie es ihm im Morgenkreis ergangen ist, holt es sich entweder den roten oder grünen Ball. Der rote Ball signalisiert Ärger, Wut, Frust und Enttäuschung. Der grüne Ball steht vor allem für Freude, Glück und Wohlbefinden. Die übrigen Kinder hören dem Kind aufmerksam zu und warten ab, bis das Kind den Ball wieder zurückgelegt hat.
Danach ruft es ein anderes Kind namentlich auf, das in der Kreismitte einen Ball passend zu dem, wie es ihm im Morgenkreis ergangen ist, auswählen darf.
Das Spiel ist aus, sobald alle Kinder, die sich dazu äußern wollten, an der Reihe gewesen sind.

Indem dasjenige Kind, das sich über etwas oder jemanden aufgeregt und geärgert hat, einen roten Ball am besten direkt vor sich hält, wird den übrigen Kindern eindrucksvoll verdeutlicht, dass etwas nicht in Ordnung ist. Zudem macht der rote Ball allen eindrucksvoll bewusst, wer gerade das Wort hat und vielleicht sogar „stinksauer" ist.

Stop and go

Alter: ab 4 Jahren

Material: für jedes Kind 1 Tennisring o. Ä.; evtl. für jedes Kind 1 Spielzeugauto

Sozialform: Kleingruppe

Zeitaufwand: 3–5 Minuten

Spielverlauf:

„Stop and go" dürfte wohl allen AutofahrerInnen bekannt sein. Erklären Sie den Kindern, dass damit das langsame Fahren mit häufigem Anhalten gemeint ist. Das geschieht durch ein zu hohes Verkehrsaufkommen, wie z. B. in vielen Großstädten, sodass nur eine geringe Geschwindigkeit erreicht wird. Wie das konkret in der Praxis aussehen kann, dürfen die Kinder nun nachahmen:

Zu Beginn holt sich jedes Kind einen Tennisring, der das Lenkrad darstellt. Miteinander stellen sich dann alle hintereinander im Gruppenraum auf.

Sie selbst bilden den Kopf der Schlange und führen die Gruppe so durch den Raum. Dabei gehen Sie langsam und halten immer wieder unverhofft an.

Damit es jedoch zu keinem „Auffahrunfall" kommt, müssen die Kinder äußerst konzentriert bei der Sache sein und somit ihre Handlungsimpulse kontrollieren können.

Sollte das die Gruppe ein bis zwei Minuten lang gut durchhalten, haben sie die Aufgabe mit Bravour gemeistert. Ansonsten probieren die Kinder das Ganze am besten gleich noch einmal aus. Dabei kann es unter Umständen auch gut sein, wenn die Kinder sich in einer anderen Reihenfolge aufstellen, bevor Sie wieder die Gruppe anführen.

Variante:

Die Kinder sitzen zusammen am Tisch und benutzen jeweils ein Spielzeugauto. Das erste Auto in der Reihe gibt das langsame Tempo vor. Sobald jedoch das Auto anhält, sollen die Kinder sofort dementsprechend reagieren.

Konnte die Gruppe drei- bis viermal rechtzeitig anhalten, haben alle die „Autofahrt" hervorragend gemeistert.

Mithilfe dieser Praxisidee sollen die Kinder als „AutofahrerInnen" ihre Handlungsimpulse kontrollieren lernen. Indem sie eine reale Situation, die sie vielleicht auf dem Kindersitz im Auto ihrer Eltern auch schon einmal selbst erlebt haben, nachspielen, macht das Ganze besonders viel Spaß.

Akustische Signale

Alter: ab 3 Jahren

Material: 3–4 Rhythmusinstrumente, wie z. B. 1 Handtrommel, Klangstäbe, 1 Rassel o. Ä.; evtl. 4 Markierungskegel

Sozialform: Kleingruppe

Zeitaufwand: 3–5 Minuten

Spielverlauf:
Die Kinder gehen auf einem überschaubaren Spielfeld, das Sie mithilfe von vier Markierungskegeln kennzeichnen können. Sobald Sie jedoch eines der Instrumente erklingen lassen, heißt es für alle aufgepasst. Die Kinder sollen nämlich sofort in der angefangenen Bewegung verharren. Wer kann besonders schnell reagieren und seine Handlungsimpulse kontrollieren?
Rufen Sie eines der betreffenden Kinder auf, das in der nächsten Spielrunde auf die gleiche Weise eines der Instrumente erklingen lassen darf.
Nach ein paar Spielrunden sollten Sie das Ganze beenden, da sonst die akustische Aufmerksamkeit rapide nachlassen kann.

Variante:
Zum Rhythmus des leisen und langsamen Trommelspiels gehen die Kinder kreuz und quer auf dem Spielfeld herum. Sobald jedoch Ihrerseits ein kräftiger Trommelschlag erfolgt, bleiben alle sofort stehen. Loben Sie diejenigen Kinder, denen die Aufgabe besonders schnell gelingt.
Danach fängt eine neue Spielrunde an.
Das Spiel ist nach fünf bis sechs Durchgängen beenden.

Bei diesem Praxisangebot kann sich das akustische Signal ändern und somit auch nicht immer gleich klingen, sodass die Kinder sich auf neue Situationen einstellen müssen. Zudem ist eine gute Reaktionsfähigkeit gefragt und der Wille zu stoppen, wenn es die Situation erfordert. Das ist nicht immer ganz einfach und bedarf viel Übung.

Zeitungsschlacht-Stopp

Alter: ab 5 Jahren

Material: 1 Trillerpfeife, jede Menge Papierschnipsel

Sozialform: Kleingruppe

Zeitaufwand: 3–5 Minuten

Spielverlauf:

Ist der Papiereimer mal wieder gefüllt, dann geht's auf Ihr Kommando hin los: Die Kinder dürfen sich gegenseitig mit den Papierschnipseln bewerfen. Allerdings nur so lange, bis es zu heftig wird und Ihrerseits ein Pfeifton erfolgt. Wer jetzt sofort das Spiel unterbricht, hat nicht nur gut reagiert, sondern darf auch in der nächsten Spielrunde weiter mitmachen. Alle übrigen Kinder stellen sich zu Ihnen und passen gut auf, wer in der nächsten Spielrunde nicht auf den Pfeifton reagiert.

Am Ende haben diejenigen Kinder die Nase vorne, die nach drei Spielrunden immer noch dabei sind.

Weitere Möglichkeit:

In der freien Natur können die Kinder das Spiel auch mit frisch gemähtem Gras durchführen. In diesem Fall machen sie so lange eine Grasschlacht, bis Ihr Pfeifton erfolgt.

Die Grasschlacht endet dann so wie im vorherigen Spiel beschrieben.

Wenn sich im Papierkorb genug Papierschnipsel befinden oder nach einer Bastelaktion genügend Papierreste auf den Boden liegen, kann zur Freude der Kinder eine Papierschlacht durchgeführt werden. In der freien Natur bereitet jedoch eine Grasschlacht den Kindern besonders viel Vergnügen. Wann aber hört der Spaß auf? Das können jüngere Kinder in der Regel noch nicht so gut abschätzen und deshalb auf verspielte Weise lernen, was dann zu tun ist.

Ich weiß das zu schätzen

Mithilfe von Praxisideen das Positive im Leben wertschätzen und Dankbarbeit lernen

Sich für ein Kompliment oder eine kleine Aufmerksamkeit zu bedanken, zeigt dem Gegenüber, dass man es zu schätzen weiß. Es kann aber auch das, was man bereits hat, wertgeschätzt werden. Damit sind jedoch nicht nur materielle Dinge gemeint, sondern auch alles, was uns sonst noch umgibt, wie z. B. Menschen, Tiere und das, was uns die Natur schenkt. Dabei kann es sich auch auf den ersten Blick um unscheinbare Dinge handeln, die das Leben bereichern.

Und wie lernen Kinder sich darüber Gedanken zu machen und selbst Kleinigkeiten im Alltag wertzuschätzen? Das geschieht sowohl durch das Beobachten von positiven Handlungen als auch durch den pfleglichen Umgang mit Besitz. Darüber hinaus brauchen Kinder jedoch auch Spiele und andere Angebote, die Respekt und Wertschätzung schwerpunktmäßig thematisieren.

In diesem Kapitel werden deshalb Praxisideen vorgestellt, bei denen Folgendes im Vordergrund steht:

- „Bitte!" und „Danke!" sagen,
- sich selbst und andere wertschätzen,
- einen guten Umgang mit Sachen,
- Achtsamkeit gegenüber der Natur,
- Ressourcen sparen, indem alte Dinge, die vielleicht schon andere Kinder gehabt haben, nicht einfach weggeworfen werden.

Das alles und noch viel mehr sind ideale Übungsfelder, um Kindern ein Gefühl von „Wert" zu vermitteln. In vielen Fällen bieten die Praxisideen auch noch genügend Gesprächsstoff, um mit den Kindern das, was sie gelernt haben, nachhaltig zu vertiefen. Gleichzeitig soll der Selbstwert gestärkt werden, damit die Kinder nicht dem Irrtum verfallen, unbedingt die neuesten Sachen haben zu müssen, um „up to date" zu sein.

„Nichts in der Welt ist unbedeutend.“

Friedrich von Schiller (1759–1805), deutscher Arzt, Dichter, Philosoph und Historiker

Kennst du das Zauberwort?

Alter: ab 3 Jahren

Material: für jedes Kind 1 kleinen Gegenstand, wie z. B. 1 Ball, 1 Buch, 1 Spielzeugauto und eine Puppe; evtl. für die Hälfte der Gruppe jeweils 1 kleinen Gegenstand

Sozialform: Kleingruppe

Zeitaufwand: 3–5 Minuten

Spielverlauf:
Die Kinder bilden einen Stuhlkreis, in dessen Mitte Sie einige Sachen legen.
Eines der Kinder fängt an und sucht sich etwas Schönes aus. Es geht auf ein beliebiges Kind zu und bleibt dann vor ihm stehen. Dabei kann es z. B. Folgendes sagen:

„Ich möchte dir gerne den Ball schenken!"

Das ausgewählte Kind macht einen freudigen Gesichtsausdruck und nimmt das Geschenk dankend an. Dabei schauen sich beide Kinder gegenseitig an. Die übrigen Kinder beobachten genau, wie sehr das Kind das Geschenk wertschätzt. Das Kind legt das Geschenk zur Seite, bevor beide die Plätze miteinander tauschen.
Das neue Kind im Innenkreis geht dann in Richtung Kreismitte, um sich ein neues Geschenk auszusuchen, das es einem anderen Kind im Kreis übergibt.
Auf diese Weise geht's so lange weiter, bis alle Sache in der Kreismitte „verschenkt" wurden und somit jedes Kind etwas Schönes erhalten hat.

Variante:
Die Hälfte der Gruppe sucht sich jeweils ein Spielzeug aus.
Alle übrigen Kinder sitzen an den Tischen. Die Kinder mit den „Geschenken" suchen sich jeweils ein freies Kind am Tisch aus, dem sie schließlich ihr Spielzeug überreichen. Dabei dürfen die Beschenkten zeigen, wie sehr sie sich darüber freuen.
Im Anschluss daran berichten diejenigen Kinder, die ein Geschenk überreicht haben, woran sie erkannt haben, dass sich ihr Partnerkind gefreut hat. Mögliche

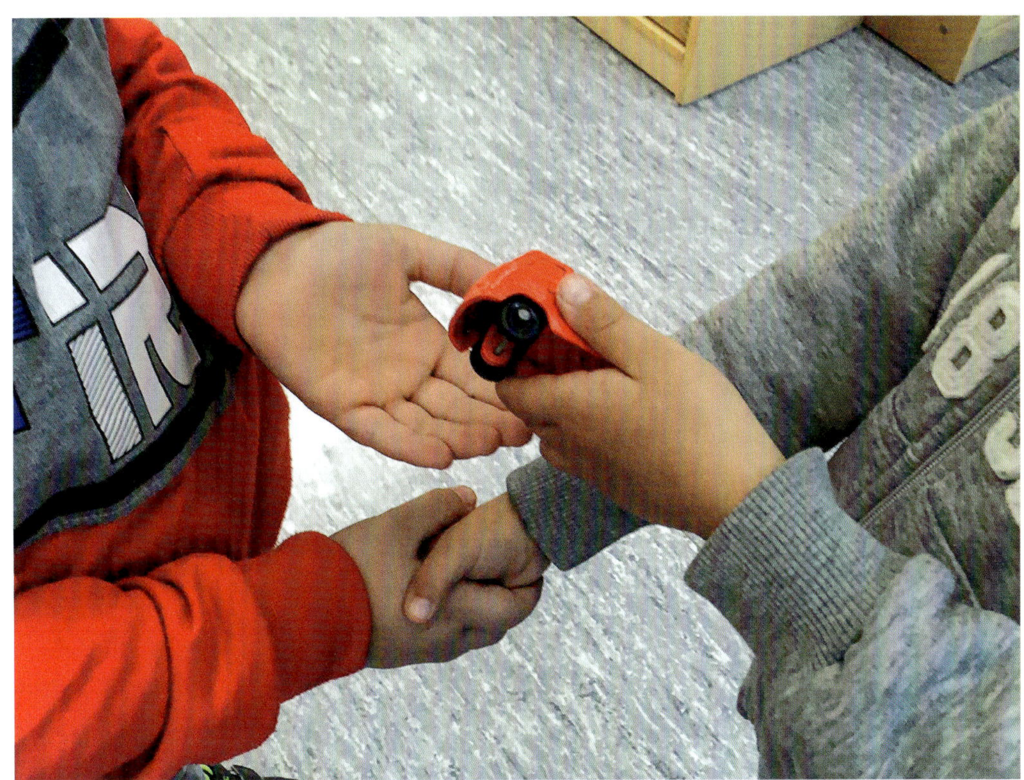

Antworten können sein: Es hat sich bedankt, über beide Ohren gestrahlt oder gar vor lauter Freude in einen Luftsprung gemacht.

Es ist alles andere als selbstverständlich, wenn man etwas Schönes bekommt oder jemand anderes etwas Gutes für einen macht. Spielerisch kann das den Kindern durch die Praxisidee „Kennst du das Zauberwort“ bewusst gemacht werden, sodass sie das, was andere für sie tun, auch schätzen lernen.

Ich schätze deine Freundschaft

Alter: ab 3 Jahren

Material: –

Sozialform: Klein- oder Großgruppe

Zeitaufwand: 3–5 Minuten

Spielverlauf:
Alle Kinder bis auf eines bilden einen Stuhlkreis, in dessen Mitte Sie einen Tisch stellen. Das eine Kind krabbelt auf allen Vieren unter den Tisch und tut so, als ob es zu Hause alleine und somit ohne Freunde wäre. Eines der Kinder, das Sie namentlich aufrufen, geht in Richtung dieses Kindes und sagt:

„Ich komme zu dir nach Haus!
Komm doch bitte jetzt heraus!"

Das Kind reicht dem Kind unter dem Tisch beide Hände, das nun voller Freude das Haus verlässt bzw. unter dem Tisch hervor krabbelt und schließlich laut sagt:

„Danke! Deine Freundschaft schätze ich,
denn du bist nämlich stets da für mich!"

Während nun das erste Kind unter den Tisch krabbelt, setzt sich das zweite Kind auf den freien Stuhl.
Im Anschluss daran rufen Sie ein weiteres Kind auf, das das neue Kind unter dem Tisch auf die gleiche Weise herauslocken darf.
Auf diese Weise finden noch ein paar Spielrunden statt.

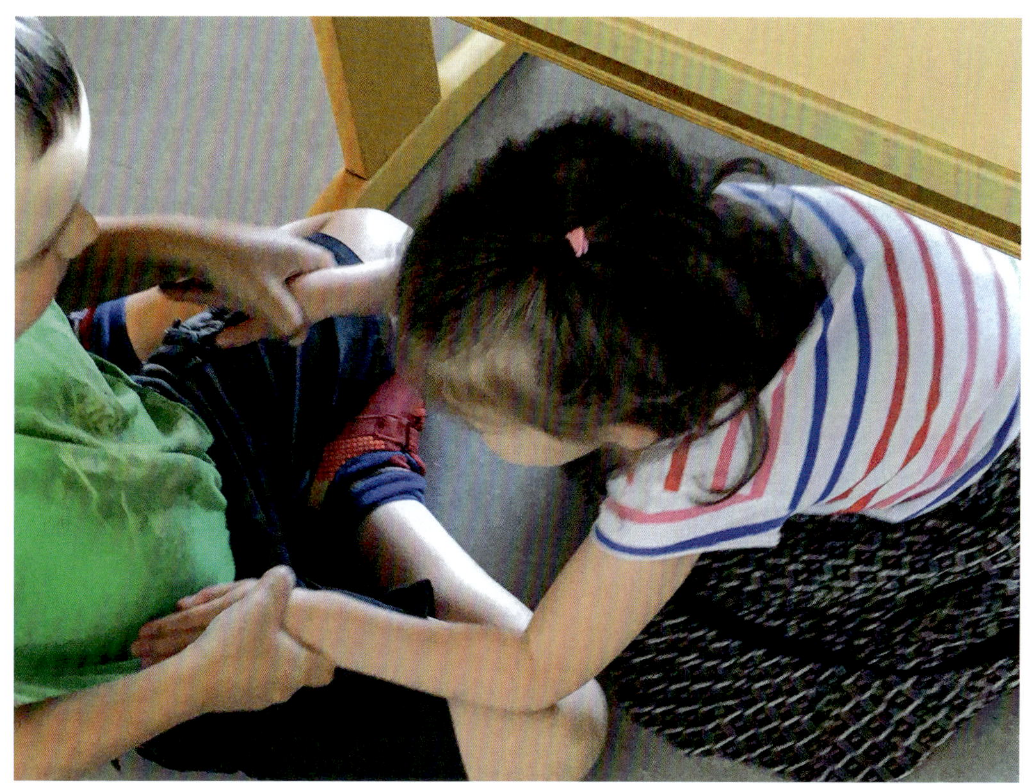

Wie wertvoll Freunde sein können, weiß wohl jeder, wenn man Hilfe braucht oder einfach nicht alleine sein möchte. Auf verspielte Weise lernen die Kinder die Bedeutung von Freundschaft kennen und dabei vielleicht auch, ihre Freunde mehr wertzuschätzen.

Ich liebe meine Mutter

Alter: ab 5 Jahren

Material: 1 Speckstein o. Ä.; evtl. für jedes Kind 1 weißes DIN-A3 Blatt Papier, Wachsmalstifte

Sozialform: Kleingruppe

Zeitaufwand: 5–10 Minuten

Spielverlauf:
Während die Kinder zusammen im Kreis sitzen, sagen Sie gemeinsam mit den Kindern Folgendes:

„Liebe Mama, ich liebe dich,
denn du machst sehr viel für mich!
Du bringst mich sehr oft zum Lachen
und machst viele tolle Sachen!“

Danach bekommt eines der Kinder einen Speckstein. Das betreffende Kind hat nun das Wort und darf etwas benennen, das es an seiner Mutter besonders zu schätzen weiß. Dabei kann es z. B. sagen:

„Ich liebe meine Mutter, weil sie mich tröstet, wenn ich traurig bin!“

Danach übergibt es den Speckstein demjenigen Kind, das links neben ihm im Stuhlkreis sitzt. Das Kind erwähnt nun etwas, das auf seine Mutter zutrifft. Dabei sagt es z. B.:

„Ich liebe meine Mutter, weil sie immer für uns da ist!“

Konnten sich alle Kinder dazu äußern, dürfen sie passend dazu jeweils ein Bild malen, das zeigt, wie sehr sie ihre Mutter schätzen.

Variante:
In der nächsten Spielrunde dürfen die Kinder das Spiel genauso in Bezug auf ihren Vater durchführen. Dementsprechend wird der Text geändert.

Was schätzt du an deiner Mutter oder an deinem Vater? Indem den Kindern bewusst wird, was ihre Eltern alles für sie machen, können sie mehr als froh und dankbar sein. Das Kind, das hier seine Mutter gemalt hat, meinte ohne lange zu überlegen, dass seine Mutter einfach immer für alle da ist.

Was ich an mir mag

Alter: ab 4 Jahren

Material: 1 Würfel

Sozialform: Kleingruppe

Zeitaufwand: 5–10 Minuten

Spielverlauf:

Die Kinder sitzen zusammen am Tisch.
Eines von ihnen holt sich einen Würfel und startet die Würfelrunde.
Je nachdem, welche Augenzahl gewürfelt wurde, darf es passend dazu die gleiche Anzahl an Dingen benennen, die es an sich mag.
Das kann eine Eigenschaft oder Fähigkeit sein, wie z. B. Freundlichkeit, Hilfsbereitschaft, gute Laune oder z.B. Fahrradfahren.
Danach übergibt es den Würfel demjenigen Kind, das links neben ihm am Tisch sitzt. Das betreffende Kind würfelt erneut, bevor es sich genauso dazu äußert.
Das Spiel ist aus, sobald alle Kinder einmal den Würfel und somit das Wort erhalten haben.

Variante:

Im Gegensatz zu dem vorherigen Spiel dürfen die Kinder sagen, was sie an dem Kind, das gewürfelt hat, besonders schätzen. Je nachdem, wie hoch die Punktzahl ist, zählen sie die gleiche Anzahl an Dingen auf.
Auf diese Weise geht's immer weiter, bis alle wieder drangewesen sind und gehört haben, was andere über sie denken und letztendlich an ihnen wertschätzen.

Wer seinen eigenen Wert kennt, kann auch wesentlich besser mit Enttäuschungen und Schwierigkeiten, die zum Leben gehören, umgehen. Damit Kinder sich selbst lieben lernen und somit ein gesundes Selbstvertrauen aufbauen können, müssen sie sich aber zunächst ihrer Eigenschaften und Fähigkeiten bewusst werden.

Dinge, für die ich dankbar bin

Alter: ab 5 Jahren

Material: 5–6 unbedruckte Bierdeckel, Stift, 1 Würfel

Sozialform: Kleingruppe

Zeitaufwand: 5–10 Minuten

Vorbereitung:
Zu Beginn holen Sie fünf bis sechs Bierdeckel, auf die Sie jeweils etwas Bestimmtes schreiben, das eigentlich jeder von uns schätzen sollte. Das können z. B. Gesundheit, Essen & Trinken, Kleidung, Freunde, Bildung und das Zuhause sein. Die beschrifteten Bierdeckel legen Sie verdeckt auf den Tisch.

Spielverlauf:
Ein beliebiges Kind dreht einen Bierdeckel um und würfelt. Lesen Sie nun das Wort auf dem Bierdeckel vor, wie z. B. „Freunde!". Das Kind darf entsprechend der gewürfelten Augenzahl die gleiche Anzahl an Freunden benennen, die es besonders mag und wertschätzt. Dabei kann es z. B. Folgendes sagen:

„... *(Vornamen einsetzen)* heißen meine Freunde, die ich sehr mag!"

Im Anschluss daran dreht es den Bierdeckel wieder um und übergibt den Würfel demjenigen Kind, das links neben ihm am Tisch sitzt.
Das Kind würfet und darf entweder denselben oder einen anderen Bierdeckel umdrehen. Wurde z. B. die Vier gewürfelt und ein Bierdeckel, auf dem „Gesundheit" steht, umgedreht, dann darf das Kind vier Dinge rund um die Gesundheit benennen, indem es z. B. sagt:

„Ich bin froh und dankbar, dass ich sehen, hören, gehen und laufen kann!"

Danach dreht es den Bierdeckel wieder um und übergibt den Würfel einem anderen Kind, das das Kartenspiel genauso fortsetzt.
Auf diese Weise geht das Spiel so lange weiter, bis jedes Kind zumindest einmal würfeln und einen Bierdeckel umdrehen konnte.

Mithilfe der Praxisidee soll den Kindern, die in unsere Wohlstandsgesellschaft hineingeboren sind, auf verspielte Weise bewusst gemacht werden, dass es viele Dinge im Leben gibt, an die wir uns gewöhnt haben, die jedoch keinesfalls selbstverständlich sind. Erzählen Sie den Kindern, dass in armen Ländern viele Menschen um das Überleben kämpfen und die Kinder nicht immer so ohne Weiteres den Kindergarten oder die Schule besuchen können.

Pass bitte gut darauf auf!

Alter: ab 3 Jahren

Material: 1 Tablett und 1 Plastikbecher halbgefüllt mit Wasser; evtl. 2–3 weitere Plastikbecher halbgefüllt mit Wasser

Sozialform: Klein- oder Großgruppe

Zeitaufwand: 3–5 Minuten

Spielverlauf:
Während die Kinder einen engen Kreis bilden, holen Sie sich ein Tablett, auf das Sie einen Plastikbecher mit etwas Wasser stellen.
Setzen Sie sich nun zwischen zwei Kindern im Kreis hin. Erklären Sie den Kindern, dass das Tablett und der Becher für Sie sehr wertvoll sind. Ihre Mutter hat es Ihnen geschenkt. Bitten Sie die Gruppe, die Sachen besonders sorgsam zu behandeln. Danach dürfen die Kinder das Tablett von Hand zu Hand einmal links im Kreis herumwandern lassen und zwar so, dass kein Wasser verschüttet oder gar der Becher auf dem Tablett umgekippt wird.
Erst wenn Sie das Tablett mit dem Becher so wie gewünscht wieder in den Händen halten, haben die Kinder die Aufgabe gut gemeistert.

Weitere Möglichkeit:
Der Schwierigkeitsgrad kann gesteigert werden, indem sie auf dem Tablett nicht nur einen, sondern ein bis zwei weitere Plastikbecher mit etwas Wasser platzieren. Ansonsten verläuft alles so wie im vorherigen Spiel beschrieben.

Mithilfe dieses Praxisangebots können Sie den Kindern bewusst machen, dass sie stets sorgsam und wertschätzend mit den Sachen, die ihnen oder anderen gehören, umgehen sollten. Sie können nicht nur Geld kosten, sondern auch einen ideellen Wert haben.

Sachen schätzen lernen

Alter: ab 4 Jahren

Material: –

Sozialform: Klein- oder Großgruppe

Zeitaufwand: 3–5 Minuten

Spielverlauf:

Der Erste sagt: „Auf meine Sachen achte ich sehr!
Denn vieles gibt es so nicht mehr!"

Auf die eigenen Kleidungsstücke deuten.

Der Zweite sagt: „Die Sachen kosten meist sehr viel Geld!
Wegwerfware gibt es genug auf der Welt!"

Daumen und Zeigefinger gegeneinander reiben (Geste für Geld).

Der Erste sagt: „Alte Kleidung finde ich übrigens sehr gut!
Dazu gehört Selbstbewusstsein und Mut!"

Auf die eigenen Kleidungsstücke deuten.

Der Zweite sagt: „Das ist cool und viel besser für die Umwelt.
Ich schätze alte Sache, die kosten kein Geld!"

Daumen und Zeigefinger gegeneinander reiben (Geste für Geld).

Variante:

Die Kinder verwenden den Text für ein kleines Rollenspiel.
Immer zwei Kinder stellen sich einander gegenüber auf und schauen sich dabei in die Augen.
Während Sie den Text laut vorsprechen machen die Paare so wie zuvor beschrieben die dazu passenden Bewegungen.
Im Anschluss daran bilden alle Kinder einen Kreis. Besprechen Sie mit den Kindern, weshalb man alte Sachen wertschätzen und nicht ständig das Neueste, das angeboten wird, haben muss. Auf diese Weise werden nämlich nicht nur der Geldbeutel, sondern übrigens auch die Umwelt und das Klima geschont.

Es muss nicht immer die neueste Hose oder das neueste Spielzeug sein. Viele alte Sachen sehen noch topp aus. Fragen Sie die Kinder ruhig auch, ob sie Kleidungsstücke, Spielsachen oder dergleichen besitzen, die sie selbst von ihren Geschwisterkindern, Bekannten oder aus einem Secondhand-Shop erstanden haben und für die sie von anderen vielleicht sogar bewundert wurden.

Natur lieben und schätzen

Alter: ab 4 Jahren

Material: für jedes Kind 1 weißes DIN-A3-Blatt Papier, Wachsmalstifte, 1 Klangschale

Sozialform: Klein- oder Großgruppe

Zeitaufwand: 10–15 Minuten

Spielverlauf:
Fragen Sie die Kinder, die zusammen am Maltisch sitzen, was es alles in der freien Natur zu entdecken gibt. Das können ein Käfer, ein Kleeblatt oder einfach ein Kieselstein sein.
Jedes Kind malt dann etwas Schönes auf sein Blatt Papier. Die fertigen Werke legen sie auf den Boden und zwar so, dass ein großes Gemeinschaftsbild entsteht. Miteinander gehen sie der Reihe nach links um die einzelnen Kunstwerke herum. Sobald Sie jedoch die Klangschale anschlagen, bleiben alle Kinder stehen, um von ihrem Standort aus das Gemeinschaftsbild zu betrachten. Ist der Klang verklungen gehen sie wieder langsam nacheinander links um die einzelnen Werke herum. Das geht so lange, bis Sie erneut die Klangschale anschlagen.
Nach einer gewissen Zeit knien sich alle um das Gemeinschaftsbild herum auf den Boden. Die Kinder dürfen nun der Reihe nach die Sachen vorstellen, die sie gemalt haben. Dabei dürfen sie auch sagen, weshalb sie sich für das, was sie gemalt haben, entschieden haben. Vielleicht sind sie fasziniert von Schmetterlingen, die sie in der freien Natur gesehen haben. Vielleicht ist es auch einfach das weiche Gras, auf dem sie im Sommer so gerne barfuß gehen.
Unabhängig davon, sollten Sie es nicht versäumen, die Kinder zu fragen, weshalb wir die Natur wertschätzen sollten. Mögliche Antworten können sein: Weil die Bäume uns Sauerstoff liefern, die Eichhörnchen im Wald besonders gut Nahrung finden oder die Vögel in den Bäumen ihre Nester bauen.
Ziel ist es, den Kindern bewusst zu machen, dass wir die Natur brauchen und deshalb auch schützen, pflegen und wertschätzen sollten.

Indem die Kinder künstlerisch darstellen, welche Dinge ihnen in der freien Natur besonders am Herzen liegen, lernen sie die Tiere und Pflanzen besonders wertzuschätzen. Werden die Bilder zu einem großen Gemeinschaftsbild zusammengefügt, können sie noch viel mehr entdecken. Dabei wird ihnen auch vor Augen geführt, wie vielseitig und einzigartig die Natur ist.

Die Welt ist einzigartig

Alter: ab 5 Jahren

Material: 1 kleiner Ball, Miniglobus o. Ä.

Sozialform: Klein- oder Großgruppe

Zeitaufwand: 5–10 Minuten

Spielverlauf:
Die Kinder sitzen um einen Tisch herum.
Eines von ihnen erhält von Ihnen einen kleinen Ball und beginnt das Spiel.
Während es nun den Ball einem anderen Kind zurollt, sagt die Gruppe laut.

„Die Welt ist einzigartig und rund,
die Welt ist so schön und bunt.
Was schätzt du auf der Erde sehr?
Du hast das Wort, bitte sehr!"

Dasjenige Kind, das nun den Ball in den Händen hält, darf darauf eine Antwort geben, indem es z. B. sagt:

„Ich schätze die vielen Tierarten!"

Danach sucht sich das Kind ein neues Kind aus, dem es den Ball zurollt. Dabei sagt die Gruppe wieder den Spruch auf, bevor das Kind, das dann den Ball hat, z. B. sagt:

„Ich schätze den Wald!"

Auf diese Weise geht's immer weiter, bis möglichst alle einmal den Ball erhalten haben und somit die Frage beantworten konnten.

Durch das Ballspiel lernen die Kinder, sich mit unserem blauen Planeten auseinanderzusetzen, indem sie die Dinge benennen, die sie auf der Erde besonders wertschätzen. Damit jedoch die Erde noch lange erhalten bleibt, ist es wichtig, dass die Kinder von klein auf auch erfahren, wie sie die Klimakrise nicht noch weiter vorantreiben. Das fängt allein schon mit dem Strom- und Wasserverbrauch an, bei dem die Kinder zeigen können, wie man sparsam damit umgehen kann.

Schätzen lernen, was man hat

Alter: ab 4 Jahren

Material: etwas Persönliches von jedem Kind, z. B. 1 Brotdose, 1 Jacke, Spielzeug oder 1 Päckchen Taschentücher

Sozialform: Kleingruppe

Zeitaufwand: 3–5 Minuten

Spielverlauf:
Zu Beginn darf jedes Kind etwas direkt vor sich auf den Tisch legen, das es gerade dabei hat.
Die Kinder dürfen nun nacheinander im Uhrzeigersinn ihre Sachen benennen und sagen, wofür sie die Sachen brauchen. So befindet sich z. B. in einer Brotdose etwas Köstliches für das zweite Frühstück. Eine Jacke hingegen schützt vor Kälte und Regen, ein Spielzeug vertreibt Langeweile und ein Päckchen Taschentücher ist besonders in der Erkältungszeit gut. Damit jedoch den Kindern auch bewusst wird, wie sehr man Dinge, die man hat, wertschätzen sollte, sagt die Gruppe stets, bevor ein Kind etwas Neues vorstellen darf, Folgendes:

„Es ist nicht selbstverständlich, was wir haben.
Es gibt Menschen, denen knurrt oft der Magen!"

Variante:
Zu Beginn sagt die Gruppe die beiden o. g. Sätze.
Danach darf ein beliebiges Kind, das was vor ihm auf dem Tisch liegt, vorstellen und passend dazu z. B. sagen:

„Ich weiß es zu schätzen, dass ich eine Jacke habe!"

Danach kommt dasjenige Kind dran, das links neben ihm sitzt. Es wiederholt den Satz und setzt das Spiel mit seinem Gegenstand wie folgt fort:

„Ich weiß es zu schätzen, dass ich eine Jacke und einen Schal habe!"

Auf diese Weise geht das Spiel immer weiter, bis alle das vorher Gesagte wiederholen und etwas Neues hinzufügen konnten.

Nicht alle Kinder auf der Erde haben ausreichend Kleidung und Spielsachen oder etwas zu Essen. Aus diesem Grund sollte auf verspielte Weise insbesondere bei den Kindern, die in den Wohlstand hineingeboren sind, ein Bewusstsein dafür geschaffen werden, dass weder Konsumgüter noch Nahrung überall auf der Welt selbstverständlich sind.

Ich verstehe dich gut

Sich spielerisch in andere hineinversetzen und angemessen reagieren lernen

Kinder brauchen Eltern und andere Bezugspersonen, die anderen Empathie und Respekt entgegenbringen, eine emphatische Beziehung zu ihren aufbauen und ihnen verdeutlichen, welche Konsequenzen ihr Verhalten gegenüber anderen haben kann. Dabei sollen Kinder lernen, sich in die Gedanken und Gefühle der anderen hineinzuversetzen. Das geht jedoch nicht auf Knopfdruck. Kindergartenkinder können das in der Regel ab dem 4. Lebensjahr, sodass sie dann auch fähig sind, emotional auf andere zu antworten. Dabei wird ein emotional intelligentes Kind weniger impulsiv auf die Bedürfnisse und Gefühle anderer reagieren und ein gewisses Verständnis für andere haben.

Im dritten Kapitel soll die sozial-emotionale Entwicklung auf verspielte Weise gestärkt werden. Das sind wichtige Grundpfeiler, um sich in einer Gemeinschaft zurechtfinden zu können. Spielerisch üben die Kinder aufmerksam zuzuhören, sich für ihr Gegenüber zu interessieren, die Sichtweise eines anderen Kindes einzunehmen, Mitgefühl und Betroffenheit zu zeigen sowie ihm ein gewisses Maß an Verständnis entgegenzubringen und, falls nötig, auch ihre Hilfe anzubieten.

Mithilfe dieser Praxisideen üben die Kinder jedoch nicht nur, ein Gespür für andere zu entwickeln, sondern auch zu verstehen, weshalb sich ihr Gegenüber auf eine bestimmte Art und Weise verhält. Darüber hinaus üben sie, sich zu entschuldigen, wenn sie bemerken, dass sie sich falsch verhalten haben und letztendlich selbst auch nicht so behandelt werden möchten. Die Förderung der emotionalen Intelligenz hat dabei noch viele weitere Vorteile: Die Kinder können leichter Freundschaften aufbauen, soziale Verantwortung übernehmen, zwischen Recht und Unrecht besser unterscheiden und sich dementsprechend verhalten.

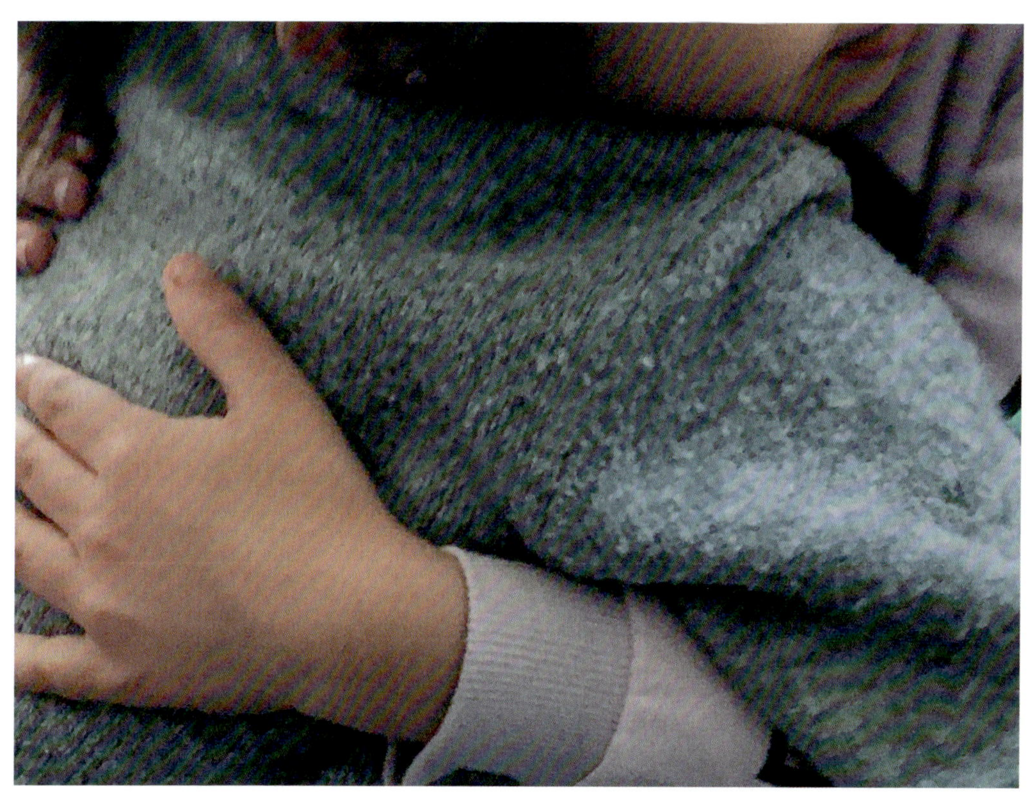

„Wirklich gute Freunde sind Menschen, die uns ganz genau kennen und trotzdem zu uns halten."

Marie Ebner von Eschenbach (1830–1916), mährisch-österreichische Schriftstellerin

Hat Teddy alles verstanden?

Alter: ab 5 Jahren

Material: 1 Speckstein o. Ä., 1 Teddybär

Sozialform: Kleingruppe

Zeitaufwand: 5–10 Minuten

Spielverlauf:

Die Kinder sitzen zusammen im Kreis.

Eines der Kinder, das sich z. B. über etwas oder über jemand anderen geärgert hat, erhält den Speckstein und somit das Wort. Es darf nun alles erzählen, was ihm schwer auf der Seele liegt. Die übrigen Kinder hören aufmerksam zu. Sobald jedoch das Kind zu reden aufhört, bekommt ein Kind, das sich per Handzeichen meldet, von Ihnen einen Teddy in die Hand gedrückt. Das Kind setzt den Teddy auf seinen Schoß und darf nun das Gesagte wiederholen, indem es den Teddy als Handspielpuppe benutzt und z. B. folgenden Satzanfang benutzt:

„Wenn ich es richtig verstanden haben, dann möchtest du …"

Daraufhin darf das Kind sagen, ob Teddy alles richtig wiedergeben konnte oder nicht. Im letzten Fall darf das Kind noch einmal wiederholen, was ihn genau stört. Zum Schluss können Sie gemeinsam mit der Gruppe überlegen, was man vielleicht tun kann, damit sich das Kind wieder wohl und der Gruppe zugehörig fühlt. Dabei kann auch manchmal eine Entschuldigung von einem oder mehreren Kindern angebracht sein.

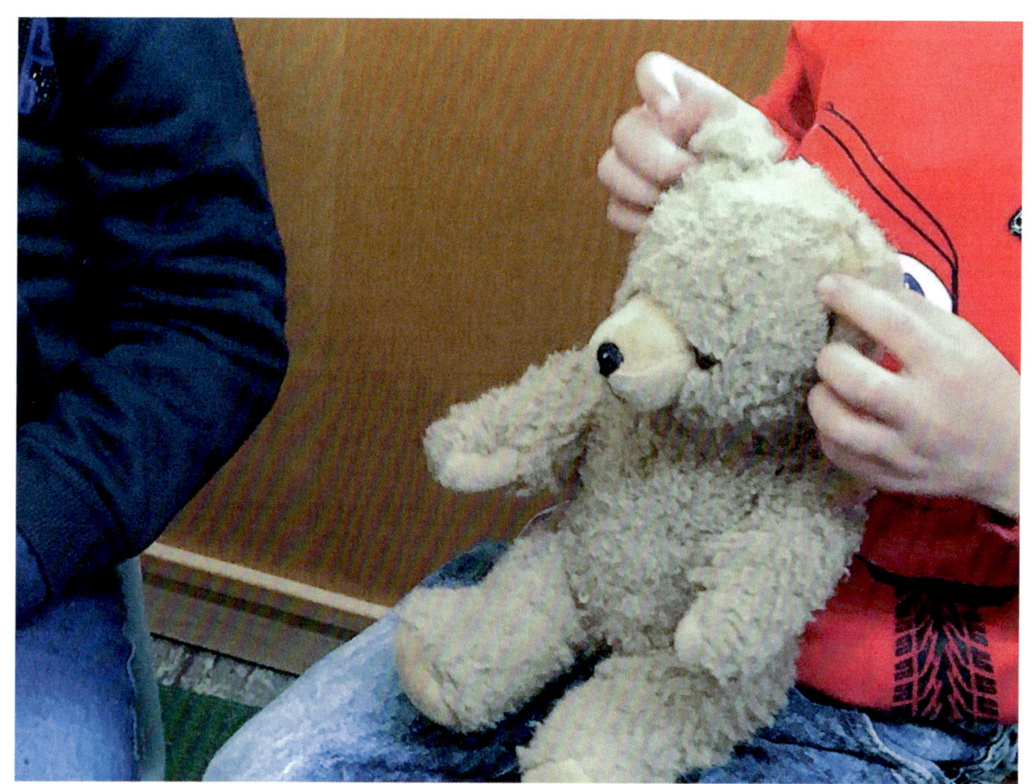

Miteinander kommunizieren ist nicht immer so einfach. Eine Handspielpuppe kann dabei eine wertvolle Unterstützung sein, um mit ihrer Hilfe das Gesagte zu wiederholen und Missverständnissen vorzubeugen. Unabhängig davon, sollen die Kinder sich so auch in die Gedanken und Gefühle eines anderen Kindes hineinversetzen lernen und Verständnis gegenüber dem betroffenen Kind zeigen.

Wer kann gut zuhören?

Alter: ab 5 Jahren

Material: 1 Wolldecke o. Ä.

Sozialform: Klein- oder Großgruppe

Zeitaufwand: 5–10 Minuten

Spielverlauf:
Alle Kinder mit Ausnahme von einem bilden einen Stuhlkreis.
Das eine Kind holt sich eine Decke und geht in Richtung Kreismitte. Dort angekommen, kniet es sich auf den Boden und stülpt die Decke über seinen Körper.
Auf Ihre Anweisung hin tut es so, als ob es traurig ist, weil z. B. ein anderes Kind ihm wehgetan hat oder weil es einfach übermüdet ist. Der Fantasie sind hierbei keine Grenzen gesetzt, denn während das Kind schluchzt und weint, sagt es auch laut, was ihm widerfahren ist. Die Aufgabe der übrigen Kindern besteht darin, herauszufinden, weshalb das Kind so traurig ist. Das ist jedoch gar nicht so einfach, da sich das Kind unter der Decke versteckt hat und bei all dem Gejammer kaum zu verstehen ist. Wer hat gute Ohren und kann zumindest erahnen, weshalb es dem Kind gerade nicht so gut geht? Nach ein bis zwei Minuten bitten Sie das Kind, unter der Decke hervorzukriechen. Während nun das Kind auf der Decke Platz nimmt, dürfen die übrigen Kinder der Reihe nach erzählen, was sie gehört und vermutet haben
Unabhängig davon, darf dann das Kind den Grund verraten und schließlich mit einem anderen Kind den Platz tauschen, das sich nun ebenfalls unter der Decke einigeln und aus irgendeinem Grund so richtig traurig sein darf.
Indem mehrere Durchgänge auf diese Art und Weise stattfinden, wird den Kindern bewusst gemacht, dass es viele Gründe geben kann, um schlecht gelaunt oder traurig zu sein.

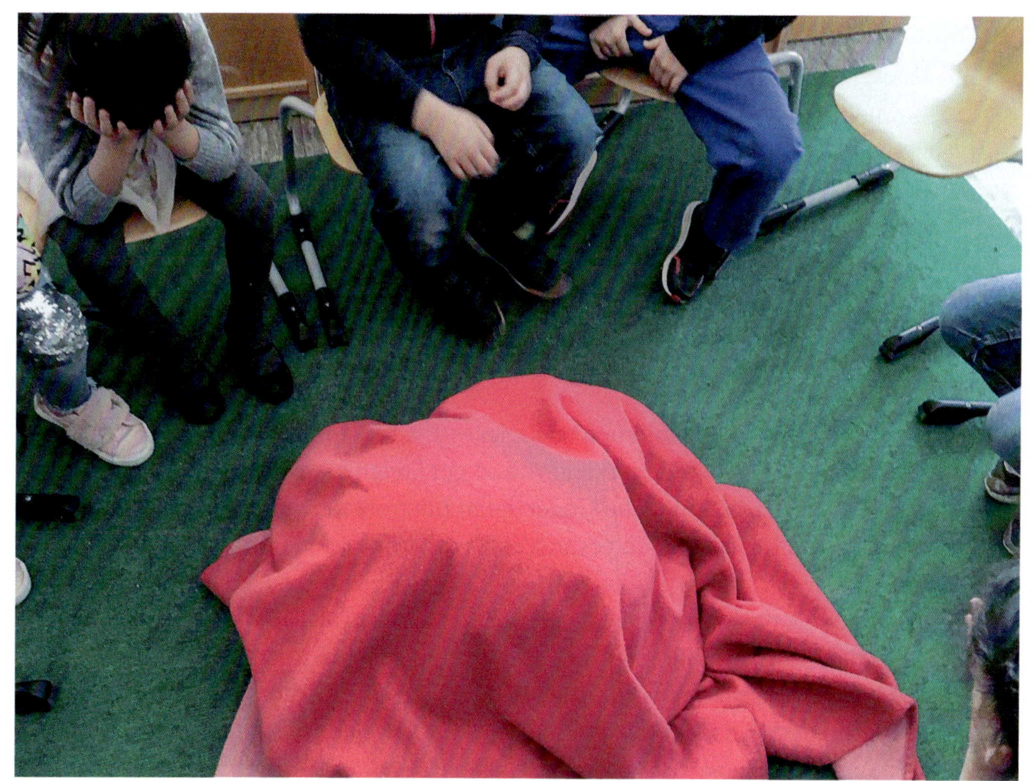

Mimik, Gestik und Körperhaltung verraten viel über die augenblickliche Stimmung. Woran erkennt man aber, wie sich ein Kind, das man nicht sehen kann, gerade fühlt? Mithilfe der Praxisidee sollen die Kinder ihre Ohren spitzen und auch erahnen, weshalb das Kind gerade so traurig ist.

Kannst du mich verstehen?

Alter: ab 5 Jahren

Material: Buchstaben aus Holz, Pappe o. Ä., Notizblätter und 1 Stift

Sozialform: Kleingruppe

Zeitaufwand: 5–10 Minuten

Spielverlauf:

Die Kinder sitzen zusammen im Kreis.

Erzählen Sie den Kindern z. B. ein freudiges Ereignis, das Sie vielleicht sogar selbst erlebt haben. Während die Kinder Ihnen zuhören, sollen sie herausfinden, wie Sie sich dabei fühlen. Handelt es sich um Wut, Ärger, Zorn, Traurigkeit oder gar Freude?

Wurde die richtige Antwort gegeben, die in diesem Fall „Freude" heißt, darf dasjenige Kind, das am schnellsten die Lösung herausgefunden hat, das Wort „Freude" mit Hilfe der Buchstaben auf den Boden legen. Damit das jedoch gut klappt, schreiben Sie am besten das Wort in großen Druckbuchstaben auf einem Notizblatt auf, sodass das Kind eine „Schreibvorlage" hat.

Im Anschluss daran setzt sich das Kind wieder auf seinen Platz zurück, sodass eine neue Rate-Runde beginnen kann, bei der Sie über ein weiteres Ereignis berichten und dabei auch zeigen, wie sehr Sie z. B. davon betroffen oder traurig gewesen sind. Danach dürfen die Kinder wieder erraten, wie Sie sich dabei gefühlt haben. Dasjenige Kind, das am schnellsten die richtige Antwort weiß, darf dann genauso das Wort „traurig" mithilfe der Buchstaben auf den Boden legen.

Auf diese Weise werden noch ein paar Rate-Runde durchgeführt, sodass immer mehr Wörter hinzukommen.

Mithilfe der Praxisidee soll den Kindern bewusst gemacht werden, dass wir alle je nach Situation sehr unterschiedlich fühlen können. Wenn die Kinder also wissen möchten, wie es jemand anderem in der Gruppe gerade geht, sollten sie gut zuhören können und darauf achten, was das betreffende Kind vielleicht dabei fühlt.

Wie geht es dir dabei?

Alter: ab 4 Jahren

Material: 1 DIN A2 rotes Tonpapier, 1 schwarzer Stift

Sozialform: Kleingruppe

Zeitaufwand: 5–10 Minuten

Spielverlauf:
Die Kinder sitzen zusammen am Tisch, auf den Sie für alle gut sichtbar das Tonpapier legen. Schreiben Sie nun negative Verhaltensweisen, wie z. B. Schreien, an den Haaren ziehen, Treten oder Schlagen auf, die Sie den Kindern vorlesen. Fragen Sie nun eines der Kinder, wie es sich dabei fühlt, wenn das jemand aus der Gruppe mit ihm machen würde. Die übrigen Kinder hören genau zu und überlegen, wie es ihnen wohl dabei ergehen würde. Welches der Kinder teilt die Meinung des Kindes und kann nachempfinden, was das Kind dabei fühlt? Die betreffenden Kinder melden sich per Handzeichen. Sollten jedoch ein oder mehrere Kinder anderer Meinung sein, sollten Sie es nicht versäumen, mit den Kindern darüber zu sprechen. Dabei ist es wichtig, dass den Kindern bewusst wird, dass derartige Verhaltensweisen in einer Gemeinschaft einfach nicht in Ordnung und keinesfalls zu tolerieren sind.
Im Anschluss daran schreiben Sie eine weitere negative Verhaltensweise auf, die Sie der Gruppe vorlesen und danach eines der Kinder fragen, wie es sich dabei fühlt.
Auf diese Weise werden noch ein paar weitere negative Verhaltensweise besprochen.

Indem immer mehr negative Verhaltensweisen auf dem Plakat aufgeschrieben werden, soll den Kindern im wahrsten Sinne des Wortes vor Augen geführt werden, dass es viele negative Verhaltensweisen gibt, die traurig, wütend und zornig machen und somit auch sehr verletzend für andere sein können.

Ist das vielleicht Freude?

Alter: ab 4 Jahren

Material: –

Sozialform: Klein- oder Großgruppe

Zeitaufwand: 3–5 Minuten

Spielverlauf:
Die Kinder stellen sich hintereinander im Kreis auf und zwar so, dass sie das vor ihnen stehende Kind am Rücken berühren können. Während Sie nun den Text vorlesen, machen diese die dazu passenden Bewegungen:

„Wie fühlst du dich heute?
Ist das vielleicht Freude?
Mit den Händen die Schultern streicheln.

Fühlst du dich heute gut?
Strotzt du vor Kraft und Mut?
Mit den Fingern sanft auf den Rücken klopfen.

Ich frage dich, weil ich dich mag
Ich wünsche dir einen schönen Tag."
Mit den Händen über den Kopf streicheln.

Am Ende setzen sich alle zusammen in den Stuhlkreis. Machen Sie den Kinder bewusst, wie wichtig es ist, auch einmal nachzufragen, wie es einem anderen gerade geht. Es ist schön, wenn andere sich Gedanken um einen machen. Bestimmt kennen die Kinder das auch von ihren Eltern. Welches der Kinder wurde schon einmal von seiner Mutter oder seinem Vater am Morgen gefragt, ob es gut geschlafen hat oder noch müde ist? Fragen Sie die Kinder, ob sie es als schön empfinden, wenn andere sich um sie bemühen und für sie einfach nur das Allerbeste wollen.

Mithilfe der Streichelmassage sollen die Kinder ein Gespür füreinander bekommen und erfahren, wie wichtig es ist, auch einmal nachzufragen, wie es dem anderen gerade geht. Indem die Kinder sich füreinander interessieren, werden sie auch in bestimmten Situationen mehr Verständnis füreinander haben.

Wer kennt das Gefühl?

Alter: ab 4 Jahren

Material: Holzbuchstaben o. Ä.

Sozialform: Klein- oder Großgruppe

Zeitaufwand: 10–15 Minuten

Spielverlauf:
Während die Kinder einen Stuhlkreis bilden, holen Sie sich Holzbuchstaben o. Ä., mit denen Sie das Wort „Freude" schreiben können. Fragen Sie eines der Kinder, wie es Freude erlebt. Das Kind zeigt seine Freude, indem es z. B. in die Luft springt, in die Hände klatscht oder Hurra schreit. Danach sollen die übrigen Kinder sagen, ob sie die Freude des Kindes nachempfinden können. Wurde die Frage bejaht, legt das Kind den Buchstaben „F" in den Innenkreis. Danach kommt der Buchstabe „R" an die Reihe. Fragen Sie nun ein Kind, wie es sich fühlt, wenn es respektlos von jemand anderem behandelt wird. Während nun das Kind seinen Unmut äußert, sollen die übrigen Kinder wieder überlegen, ob sie das nachempfinden können. Im Anschluss daran legen die Kinder passend zu dem Wort „Respektlosigkeit" den Buchstaben „R" neben das „F". Auf diese Weise kommen auch die übrigen Buchstaben wie folgt an die Reihe:

E: eifersüchtig
U: unverschämt
N: neidisch
D: dankbar
E: ekelhaft

Sobald jedoch das Wort „Freunde" auf dem Boden steht, können Sie den Kindern bewusst machen, dass richtige Freunde sich besonders gut kennen und auch füreinander da sind.

Den Kindern soll auf verspielte Weise bewusst gemacht werden, dass sie nicht alles alleine bewältigen müssen und Menschen, die sie gut kennen, besonders viel Verständnis für ihre augenblickliche Situation, Gefühle und Stimmungen haben können. Dazu zählen natürlich nicht nur Freunde, sondern vor allem auch die Eltern und andere Bezugspersonen, wie z. B. die ErzieherInnen in der Kita.

Freunde können helfen

Alter: ab 4 Jahren

Material: Sandschaufeln für alle Kinder bis auf eines

Sozialform: Kleingruppe

Zeitaufwand: 5–10 Minuten

Spielverlauf:
Die Gruppe buddelt die Füße eines Kindes im Sandkasten ein. Während nun das Kind so im Sand stehen bleibt, knien sich die übrigen Kinder nicht zu nah um das Kind herum auf dem Sand. Auf Ihre Anweisung hin sollen sie sich eine Streitsituation vorstellen, bei der sie etwas Böses gesagt oder gemacht haben, sodass es ihrem Gegenüber schlecht geht.

„Kennst du das, es geht einfach nicht mehr weiter.
Ein böses Wort. Jetzt wäre Umkehren gescheiter.
Du schämst dich und traust dich einfach nicht.
Du verstehst es und fühlst dich jetzt wie ein Wicht.
Wie aber kommst du aus der Situation wieder heraus?
Du steckst einfach ganz fest und möchtest doch raus!“

An dieser Stelle deuten Sie nun auf die eingebuddelten Füße des Kindes, um dann wie folgt fortzufahren:

„Gut, dass es auch Freunde gibt, die für dich da sind.
Sie nehmen es in die Hand und helfen dir mein Kind.
Sie helfen dir aus deiner misslichen Lage heraus.
So kommst du gestärkt aus dieser Situation heraus.
Jetzt kannst du den letzten Schritt alleine machen,
und dich entschuldigen für all die schlechten Sachen.“

Die Kinder dürfen jetzt die Füße des Kindes ausbuddeln. Das Kind macht nun den ersten Schritt und entschuldigt sich bei den übrigen Kindern.

Die Bewegungsgeschichte im Sandkasten zeigt, wie schnell man in eine Situation geraten kann, bei der es einfach ohne fremde Hilfe nicht weitergeht. Wie gut, wenn man ein paar Freunde hat, die einen im wahrsten Sinne des Wortes aus der Patsche helfen. Machen Sie den Kindern an dieser Stelle bewusst, dass sie durchaus auch andere um Rat und Hilfe fragen können, wenn sie das Gefühl haben, es nicht alleine schaffen zu können.

Es tut mir von Herzen leid

Alter: ab 4 Jahren

Material: für jedes Kind 1 weißes DIN-A3-Papier, Wachsmalstifte

Sozialform: Kleingruppe

Zeitaufwand: 5–10 Minuten

Spielverlauf:
Die Kinder holen ihre Malutensilien und setzen sich an einen Tisch.
Miteinander überlegen sie, wie man sich bei jemandem entschuldigt, dem man Unrecht getan hat. Führen Sie den Kindern an dieser Stelle eine Streitsituation vor Augen, die jeden Tag in der Kita passieren kann.
Ein Kind hat z. B. ein Spielzeug in den Händen, das man selbst haben möchte oder von dem man glaubt, es zuerst gehabt zu haben. Es entsteht ein Konflikt, den manche Kinder mit Drohungen oder gar Faustschlägen zu regeln versuchen. Machen Sie den Kindern bewusst, dass ein solches Verhalten keinesfalls zu tolerieren ist.
Wie zeigt man jedoch Reue und entschuldigt man sich für sein Fehlverhalten? Spielerisch dürfen die Kinder das folgendermaßen üben:
Immer zwei Kinder dürfen sich nun direkt gegenüber stellen, sich gegenseitig in die Augen schauen und dabei per Handschlag entschuldigen. Teilen Sie den Kindern mit, dass eine Entschuldigung nur dann Sinn macht, wenn man es wirklich ernst meint und versteht, dass man sein Verhalten in Zukunft ändern muss.
Im Anschluss daran dürfen die Kinder jeweils ein Bild malen, auf dem ein Kind sich bei einem anderen entschuldigt, indem es ihm z. B. die Hand reicht.

Indem die Kinder jeweils ein Bild malen, auf dem sich ein Kind bei einem anderen entschuldigt und somit Reue zeigt, soll das, was zuvor besprochen wurde und als kleines Rollenspiel stattgefunden hat, vertieft werden.
Ziel ist es, den Kindern auf vielfältige Weise bewusst zu machen, wie man etwas, auch wenn es noch so schwer fällt, wieder in Ordnung bringen kann.

Ich verstehe dich! Es tut mir leid!

Alter: ab 3 Jahren

Material: 1 Blume oder 1 Blumenstrauß aus Wolle, Papier o. Ä.

Sozialform: Klein- oder Großgruppe

Zeitaufwand: 3–5 Minuten

Spielverlauf:
Während die Kinder einen Stuhlkreis bilden, holen Sie sich eine Blume oder einen Blumenstrauß.
Fragen Sie die Kinder, welche Verhaltensweisen in der Gruppe nicht geduldet werden. Die Kinder dürfen nun ihre Antworten laut äußern, indem sie z. B. „Anschreien!", „Schubsen!" oder „Schlagen" in die Runde hinein rufen. Wurden genügend richtige Antworten gegeben, dann fragen Sie in der Gruppe nach, ob alle hier anwesenden Kinder nachempfinden können, wie schlecht sich ein Kind fühlen kann, wenn ein oder mehrere Kinder sich negativ ihm gegenüber verhalten. Die Kinder werden Ihnen bestimmt beipflichten, dass das einfach nicht in Ordnung ist. Daraufhin sollen die Kinder auf Ihre Bitte hin sagen, was man tun kann, damit es dem Kind wieder besser geht. Bestimmt werden die Kinder selbst auf die Idee kommen, das Kind zu trösten, zu umarmen oder sich bei dem betreffenden Kind zu entschuldigen. An dieser Stelle sollten Sie den Kindern mitteilen, dass eine Entschuldigung stets persönlich erfolgen sollte. Eine kleine Geste, wie z. B. eine Blume oder ein Blumenstrauß, den jeder von uns selbst pflücken oder gar basteln kann, erfreut die betreffende Person besonders und unterstreicht, wie sehr man sein Verhalten bereut.
Die Kinder dürfen das nun üben, indem Sie einem Kind eine Blume oder einen Blumenstrauß geben. Das betreffende Kind geht in Richtung Innenkreis direkt auf ein beliebiges Kind zu. Es bleibt vor dem ausgewählten Kind stehen, schaut ihm in die Augen und entschuldigt sich. Dabei überreicht es dem Kind das, was es gerade in den Händen hält. Das Kind nimmt die Entschuldigung und das Geschenk dankend an und wechselt mit ihm den Platz.
Daraufhin darf sich das neue Kind im Innenkreis auf die gleiche Weise bei einem anderen Kind im Stuhlkreis entschuldigen.
Das Spiel ist beendet, sobald alle Kinder eine Entschuldigung erhalten haben und sich bei einem anderen entschuldigen konnten.

Blumen sagen manchmal mehr als Worte. Unabhängig davon, ist es immer schön, wenn man sich nicht nur entschuldigt, sondern auch durch ein kleines Geschenk dem anderen zeigt, wie sehr man etwas bedauert. Auf diese Weise bringt man seinem Gegenüber eine besondere Wertschätzung entgegen, die in der Regel einen Neuanfang fördert, sodass beide Parteien wieder in eine Richtung blicken können.

Nichts bleibt so wie es ist

Alter: ab 4 Jahren

Material: evtl. für jedes Kind 1 weißes Blatt Papier und Wachsmalstifte

Sozialform: Klein- oder Großgruppe

Zeitaufwand: 3–5 Minuten

Spielverlauf:
Zwei Kinder treten vor die Gruppe, stellen sich einander gegenüber und führen das kleine Rollenspiel durch, das Sie mit zwei unterschiedlichen Stimmlagen vorlesen. Die beiden Kinder machen die dazu passenden Bewegungen:

Der Erste sagt: „Ich kann dich gut verstehen!
Es würde mir auch so gehen!"
Das erste Kind zeigt erst auf sich selbst und dann auf sein Partnerkind.

Der Zweite sagt: „Was soll ich nur machen?
Ich will endlich wieder lachen!"
Das zweite Kind zuckt mit den Schultern.

Der Erste sagt: „Es zieht dich wohl runter.
Sei fröhlich und munter!"
Das erste Kind geht in die Hocke und springt dann auf.

Der Zweite sagt: „Es geht also irgendwie weiter.
Ich muss da alleine durch leider!"
Das zweite Kind zuckt mit den Schultern.

Der Erste sagt: „Jetzt ist es genug, mit dem Traurigsein.
Schau nach vorne und du bist nicht allein."
Beide halten den Daumen hoch und freuen sich riesig.

Weiterführende Möglichkeit:
Wie sich dann wieder alles zum Besseren wenden kann, können Sie den Kindern auch sehr anschaulich durch einen leuchtenden Regenbogen, den sie malen können, bewusst machen. Denn ein Regenbogen kann nach einem Gewitter oder

wenn es wie aus Kübeln geschüttet hat am Himmel aufleuchten. Dafür braucht es gleichzeitig Wassertropfen in der Luft und Sonnenstrahlen.

Ein Regenbogen ist sicherlich nicht nur ein Trost, sondern auch eines der schönsten Symbole für den Neuanfang. Es ist auch eine schöne Möglichkeit, um den Kindern zu zeigen, dass nichts so bleibt wie es ist und sich alles zum Positiven wenden kann, auch wenn es vielleicht im ersten Moment alles andere als gut aussieht.

Das schaffe ich bestimmt

Spiele und andere Angebote, um die Motivation und Zuversicht zu steigern

Kinder, die über ein gesundes Selbstvertrauen verfügen, freuen sich auf neue Herausforderungen und fühlen sich in der Lage, Schwierigkeiten zu meistern, die zum Alltag gehören. Sie werfen auch nicht sofort die Flinte ins Korn, falls etwas mal nicht auf Anhieb klappen sollte. Vielmehr zeigen sie eine gute Ausdauerbereitschaft und suchen, falls erforderlich, nach Lösungswegen, die einfach oder ungewöhnlich sein können. Unabhängig davon, ist noch kein Meister vom Himmel gefallen, sodass sie jederzeit auch ihre Befürchtungen äußern oder andere einfach um ihren Rat und ihre Hilfe fragen können.
Im vierten Kapitel sollen das Selbstbewusstsein der Kinder gestärkt und ihre Kompetenzen in den Vordergrund gestellt werden. Mithilfe der Praxisideen wird gezeigt, wie Kinder sich voller Mut und Zuversicht an neue unbekannte Aufgaben heranwagen können. Dabei wird ihnen auch bewusst gemacht, dass sie bereits viele tolle Fähigkeiten besitzen, die sie jederzeit abrufen und somit in bestimmten Situationen ganz gezielt einsetzen können. Spielerisch lernen sie auch ihre eigenen Grenzen auszutesten, die gerade in altersgemischten Gruppen noch sehr unterschiedlich sein können. Dabei wird ihnen verdeutlicht, dass kein Mensch perfekt ist und somit nicht alles zu können braucht. Vielmehr sollen sie den Mut haben, sich an verschiedene Aufgaben heranzuwagen und dabei auch aus Fehlern zu lernen. Auf diese Weise können sie interessante neue Seiten an sich selbst entdecken, die sie so vielleicht nicht vermutet hätten und die sie mehr als stolz machen können.

„Die Normalität ist eine gepflasterte Straße; man kann darauf gut gehen – doch es wachsen keinen Blumen auf ihr.“

Vincent van Gogh (1853–1890), niederländischer Maler und Zeichner

Stark wie mein Drachen

Alter: ab 3 Jahren

Material: 1 weißes DIN-A3-Blatt Papier, Papierreste und Klebestift, 1 Bleistift

Sozialform: Kleingruppe

Zeitaufwand: 5–10 Minuten

Vorbereitung:
Zu Beginn zeichnen Sie den Umriss einer Drachenform mit einer Drachenschnur auf ein Blatt Papier.

Spielverlauf:
Die Kinder sitzen zusammen am Tisch.
Jedes Kind überlegt sich, welche Stärken sein Lenkdrachen hat. Eines der Kinder fängt dann an und sagt z. B.:

„Ich bin so stark wie mein Drachen!"

Daraufhin reißt das Kind ein Stück von einem Papier ab, das es auf den Drachen klebt. Danach übergibt es den Drachen demjenigen Kind, das links neben ihm am Tisch sitzt und sagt:

„Ich bin so schnell wie mein Drachen!"

Das Kind reißt ebenfalls ein Stück Papier ab, das es auf den Drachen klebt.
Auf diese Weise kommen immer mehr Papierschnipsel hinzu.
Das Spiel ist beendet, sobald der Drachen komplett mit den Papierschnipsel beklebt wurde.

Beispiele:
„Ich bin so ...
schön wie mein Drachen!"
groß wie mein Drachen!"
mutig wie mein Drachen!"

Sobald das Praxisangebot beendet ist, können Sie den Kindern anhand der zahlreichen Papierschnipsel im Drachen verdeutlichen, wie viele tolle Eigenschaften und Fähigkeiten sie allesamt haben und sie deshalb meist mehr können, als sie es vielleicht vermuten. Wer möchte, malt noch eine schöne Landschaft dazu.

Ich weiß, was du kannst

Alter: ab 5 Jahren

Material: –

Sozialform: Klein- oder Großgruppe

Zeitaufwand: 10–15 Minuten

Spielverlauf:
Während alle Kinder bis auf eines zusammen im Kreis sitzen, stellt sich das Kind in den Innenkreis. Danach schließen alle Kinder, falls sie möchten, ihre Augen und lauschen Ihren Worten:

„… *(Vornamen des Kindes im Innenkreis einsetzen)* ist ein tolles Kind.
Sie/Er ist schnell wie der Wind.
Sie/Er kann viele tolle Sachen.
Sie/Er bringt mich zum Lachen.
Was kann sie/er sonst noch gut?
Denkt nach! Habt einfach Mut!"

Bitten Sie nun die Kinder, falls noch nicht geschehen, ihre Augen zu öffnen.
Der Reihe nach dürfen sie nun jeweils eine Fähigkeit benennen, die ihrer Meinung nach das Kind im Innenkreis hat. Das kann gut turnen, basteln, singen oder gar tanzen sein. Sobald jedoch alle Kinder sich dazu äußern konnten, sagen Sie laut:

„Und was meinst du dazu?
Denk darüber nach in Ruh!"

Nach einer kurzen Pause darf sich das Kind im Innenkreis dazu äußern. Sollte es die Meinung der anderen teilen, tauscht es dann den Platz mit einem anderen Kind, dessen Fähigkeiten nun in der nächsten Spielrunde relevant sind. Ansonsten zählt es einfach seine Stärken auf oder korrigiert die anderen.
Auf diese Weise stehen auch die übrigen Kinder, falls sie möchten, mit ihren Fähigkeiten irgendwann im Mittelpunkt des Spielgeschehens.

Indem die Kinder von den anderen hören, was sie ihnen zutrauen und was sie vielleicht sogar schon können, wird das Selbstvertrauen gestärkt. Auf diese Weise wird ihnen auch bewusst gemacht, dass sie durchaus sehr positiv von anderen wahrgenommen werden.

Bist du auch davon überzeugt?

Alter: ab 4 Jahren

Material: –

Sozialform: Klein- oder Großgruppe

Zeitaufwand: 5–10 Minuten

Spielverlauf:
Die Kinder bilden einen Stuhlkreis.
Jedes Kind überlegt sich, was es besonders gut kann. Wer möchte, schließt dabei seine Augen, um intensiv nachdenken zu können. Eines der Kinder, das sich gerne äußern möchte, rufen Sie namentlich auf. Das betreffende Kind stellt sich in den Innenkreis und benennt eine Fähigkeit, indem es z. B. sagt:

„Ich kann gut turnen!"

Daraufhin hält es einen Daumen hoch und fragt:

„Wer kann das bestätigen?"

Es ruft dann eines der Kinder im Stuhlkreis auf, das sich gemeldet hat. Das betreffende Kind gibt ihm die Hand und hält ebenfalls seinen Daumen hoch.
Sollte sich jedoch kein Kind melden, dann teilen Sie der Gruppe mit, wie das Kind z. B. kürzlich einen tollen Purzelbaum gemacht oder auf einer Turnbank balanciert hat.
Im Anschluss daran setzt sich das Kind wieder auf seinen Platz zurück und ein anderes Kind, das sich meldet und das Sie dann namentlich aufrufen, benennt nun auf die gleiche Weise etwas, das es besonders gut kann.
So geht es immer weiter, bis alle Kinder, die sich zu Wort gemeldet haben, an die Reihe gekommen sind.

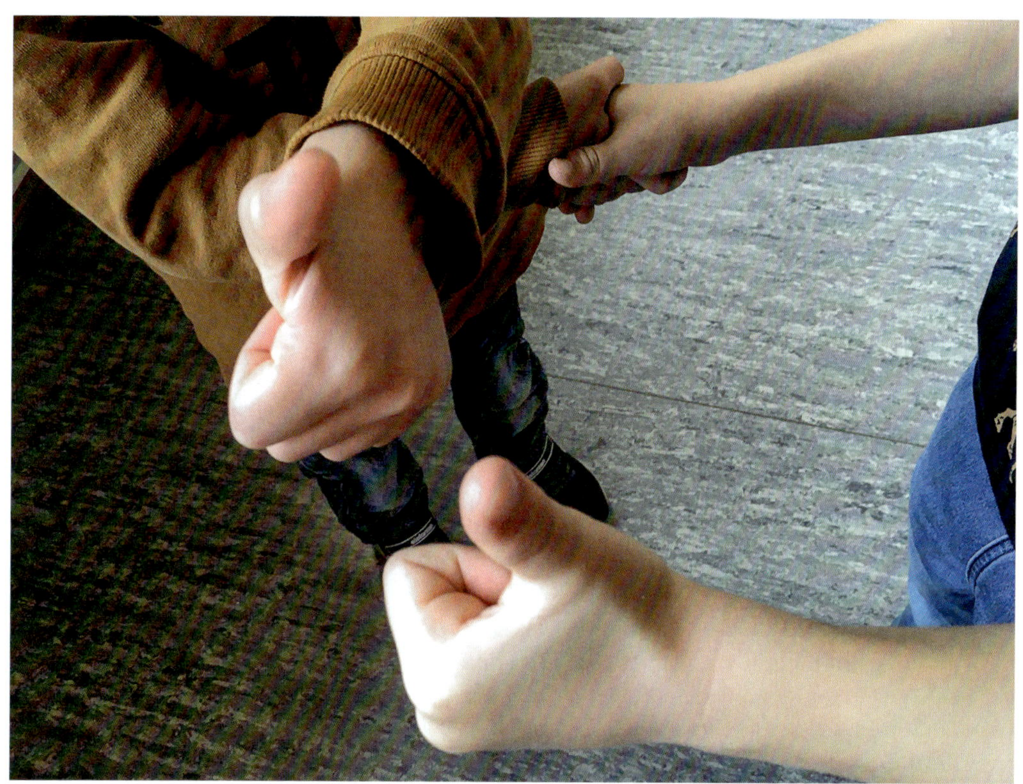

Indem die Kinder sich ihre Stärken bewusst machen, die dann sogar noch von anderen bestätigt werden, gehen sie viel selbstbewusster an bestimmte Sachen heran. Es ist also ratsam, hin und wieder die Kinder daran zu erinnern, was sie bereits schon können.

Du machst mir Mut!

Alter: ab 3 Jahren

Material: für jedes Kind 1 Stofftier, wie z. B. ein Hase oder Teddy

Sozialform: Klein- oder Großgruppe

Zeitaufwand: 3–5 Minuten

Spielverlauf:
Alle Kinder holen sich jeweils ein Stofftier und setzen sich zusammen in den Stuhlkreis. Während nun die Kinder ihr Stofftier die Hände nehmen und es anschauen, sagen Sie Folgendes:

„Mein kleines Stofftier tut mir sehr gut.
Ich schaue es an und bekomme Mut.
Ich weiß jetzt, dass ich es schaffen kann.
Und schon fange ich etwas Neues an!"

Daraufhin stehen alle Kinder auf, um ihre Stofftiere direkt vor sich auf den Boden zu setzen. Miteinander ballen sie beide Fäuste und strecken schließlich ruckartig ihre Arme weit nach oben in die Luft. Dabei sagen sie laut:

„Positiv fang' ich sofort an.
Ich weiß, dass ich es kann!"

Wer möchte, springt dabei noch mehrmals hintereinander voller Tatendrang in die Luft. Unabhängig davon, setzen sich dann alle Kinder wieder zusammen in den Stuhlkreis, um ein Spielangebot, z. B. aus diesem Buch, im Stuhlkreis oder, falls sie den Stuhlkreis verlassen wollen, am Tisch oder im Gruppenraum durchzuführen.

Es gibt die unterschiedlichsten Glücksbringer, wie einen Marienkäfer, ein Hufeisen oder ein vierblättriges Kleeblatt. Darüber hinaus kann jedoch auch ein einfaches Stofftier den Kindern nicht nur Glück bringen, sondern auch – am besten in Verbindung mit einem geeigneten Spruch – viel Mut machen oder Zuversicht und Hoffnung geben.

Ich atme tief ein

Alter: ab 5 Jahren

Material: für jedes Kind 1 Luftballon

Sozialform: Kleingruppe

Zeitaufwand: 3–5 Minuten

Spielverlauf:
Die Kinder sitzen zusammen am Tisch und erhalten von Ihnen jeweils einen Luftballon. Wer möchte, kann sich vor seinen Stuhl stellen.
Während die Kinder nun tief einatmen und möglichst doppelt so lange den Luftballon aufblasen, sagen Sie Folgendes:

„Ich atme tief ein und wieder aus
So strömt die Luft wieder heraus.
Ich bekomme so Kraft und Mut.
Was ich mache, wird nun gut!“

Während die Kinder das Mundstück festhalten, kann die Luft nicht aus dem Ballon entweichen. Der Reihe nach dürfen sie nun sagen, worin ihre Stärken liegen. Alle Kinder dürfen dann ihre Luftballons weiter aufblasen, bis Sie „Stopp“ sagen. Sollte jedoch ein Kind den Luftballon loslassen, dann warten alle so lange ab, bis das Kind den Luftballon wieder einigermaßen aufblasen konnte.
Am Ende sagen Sie dann noch Folgendes:

„So viele Stärken haben wir hier im Raum.
Lasst sie nun raus! Es ist wie ein Traum!“

Die Kinder lassen nun das Mundstück ihres Luftballons los, sodass die Luft entweichen und die Ballons zur großen Freude der Kinder ganz unkontrolliert durch den Raum fliegen können.

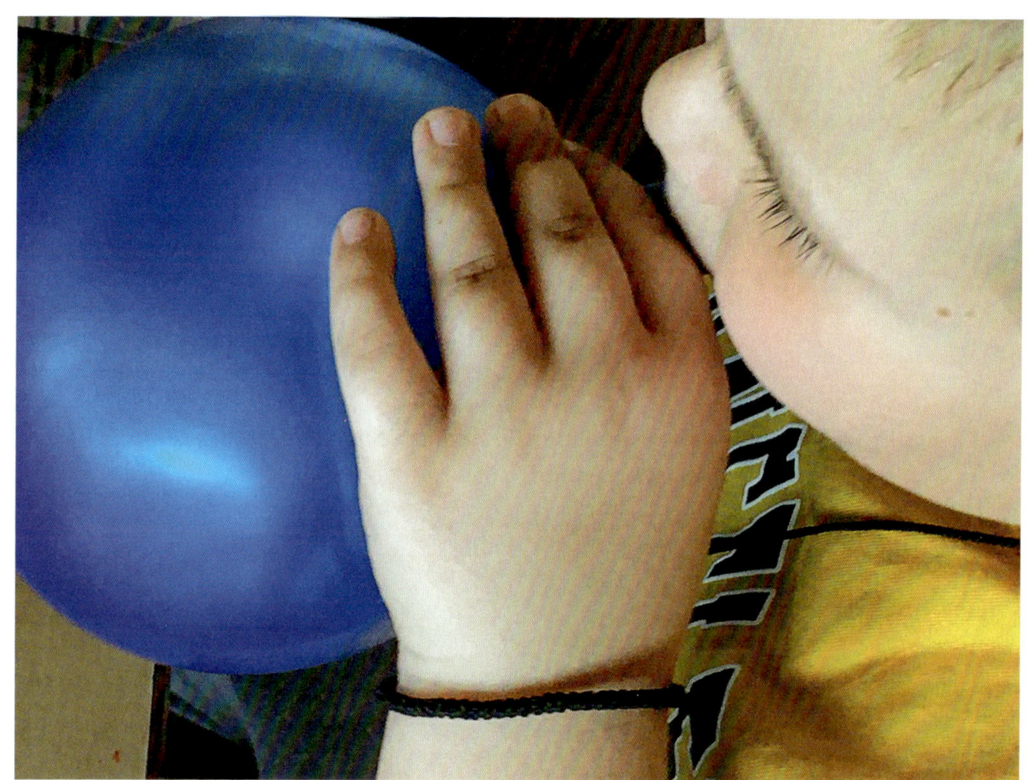

Machen Sie den Kindern bewusst, dass es hilfreich sein kann, wenn man erst einmal tief Luft holt, bevor man sich einer neuen Herausforderung stellt. Danach kann man sich, so wie bei diesem Praxisangebot, durch einen Spruch selbst Mut machen.

Ich baue ein Flugzeug

Alter: ab 5 Jahren

Material: Mal-, Bastel- und Bausachen aus dem Gruppenraum

Sozialform: Kleingruppe

Zeitaufwand: 15–20 Minuten

Spielverlauf:
Die Kinder bilden einen Stuhlkreis. Während Sie nun die Geschichte vorlesen, machen die Kinder die dazu passenden Bewegungen:

„Ich traue mir so manches zu.
Bleibe ruhig und höre auch zu.
Aufstehen

Ist es gefährlich bleibe ich stehen.
Sonst werde ich meinen Weg gehen.
Auf der Stelle gehen

Ich gehe in die Welt hinaus
und probiere so manches aus.
Auf der Stelle gehen

Ich male, baue und noch mehr.
Ich kann es beweisen, bitte sehr!“
Daumen hoch halten

Danach dürfen alle Kinder ein Bild malen, etwas Schönes basteln oder bauen. Nach zehn Minuten treffen sich alle wieder im Kreis und zeigen der Reihe nach, was sie so alles bewerkstelligt haben.

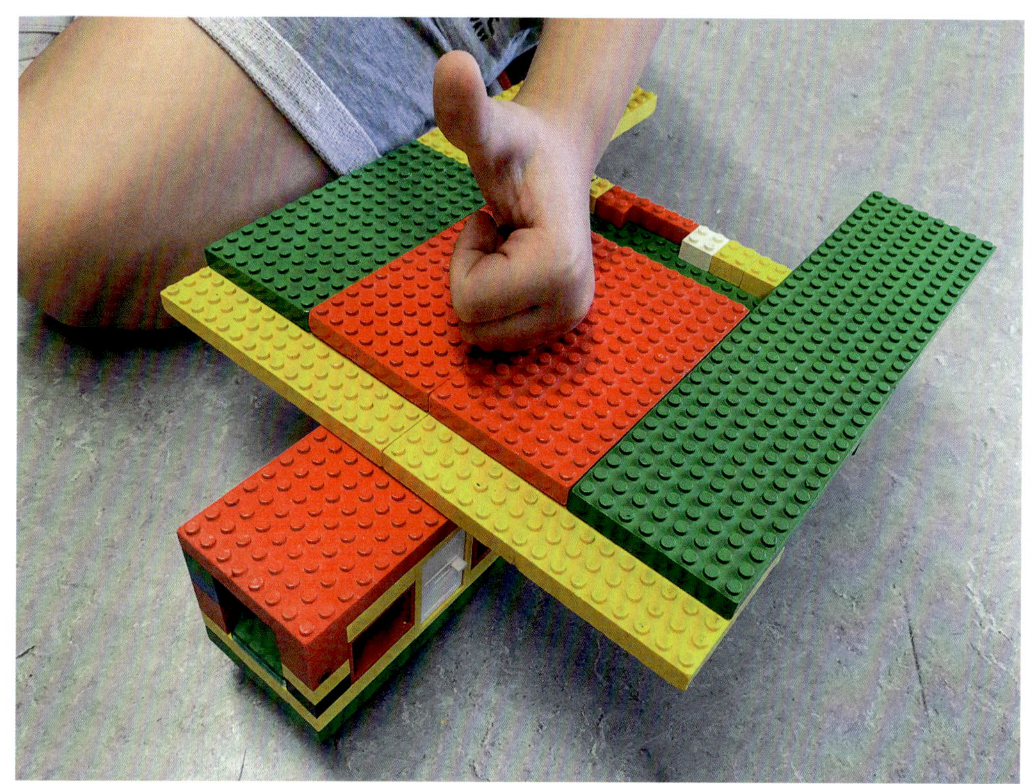

Die Kinder sollen durch das Praxisangebot herausfinden, welche Talente, Fähigkeiten und Kenntnisse sie bereits haben. Dabei werden sie erstaunt sein, welche Ideen sie entwickeln und was sie in die Realität umsetzen können. Dass sie den anderen ihre fertigen Werke zeigen können, macht sie besonders stolz und glücklich.

Ich schaffe das!

Alter: ab 3 Jahren

Material: 1 Gymnastikreifen

Sozialform: Kleingruppe

Zeitaufwand: 3–5 Minuten

Vorbereitung:
Zu Beginn legen Sie einen Gymnastikreifen auf den Boden hin.

Spielverlauf:
Die Kinder stellen sich nacheinander vor dem Gymnastikreifen auf.
Auf Ihr Startzeichen hin begibt sich das erste Kind auf den Reifen.
Eines der Kinder gibt ihm die Hand, sodass es sicher auf dem Reifen balancieren kann. Sollte es jedoch sofort oder erst unterwegs

„Ich schaffe das!"

rufen, dann lassen Sie das Kind los, sodass es ohne fremde Hilfe auf dem Reifen einmal im Kreis herum balancieren kann. Am anderen Ende angekommen, darf das nächste Kind auf die gleiche Weise die Strecke überwindet und sich schließlich hinter ihm aufstellt.
Das geht so immer weiter, bis alle Kinder wieder hintereinander vor dem Reifen stehen.

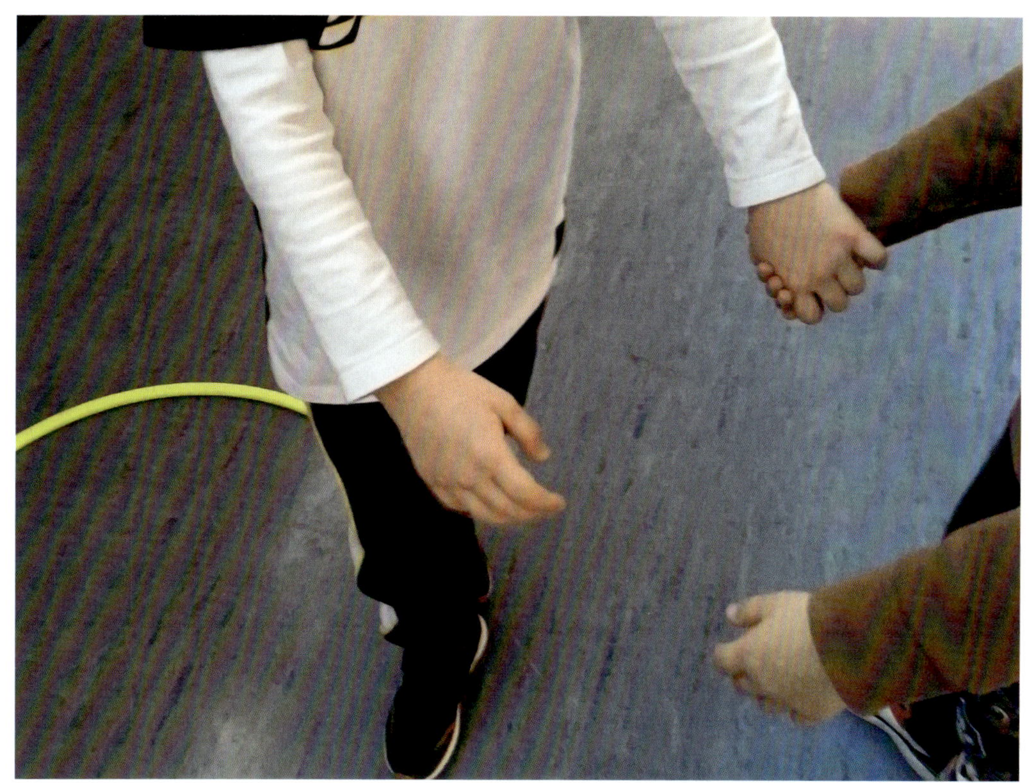

Mithilfe der Praxisidee soll jedes Kind sich selbst einschätzen lernen und dabei auch entscheiden, ob es die Turnübung alleine durchführen möchte oder nicht. Es ist also durchaus in Ordnung, wenn ein Kind von Anfang bis zum Ende an die Hand genommen werden möchte.

Stolpersteine

Alter: ab 3 Jahren

Material: evtl. 1 Markierungskegel

Sozialform: Kleingruppe

Zeitaufwand: 3–5 Minuten

Spielverlauf:

Für dieses Praxisangebot wird ein Schotterweg benötigt, zu dem alle gemeinsamen an einem schönen warmen Tag gehen.

Die Kinder ziehen ihre Schuhe aus und dürfen die Steine auf dem Boden anfassen und begutachten. Wie fühlen sich die Steine in der Hand an? Sind sie warm oder kalt, hart oder weich, spitzig oder stumpf? Die Kinder sollen bewusst die Steine entdecken und erleben und schließlich auf Ihre Fragen antworten.

Im zweiten Teil können die Kinder der Reihe nach ein paar Meter über den Schotterweg gehen. Das Ziel können Sie mithilfe eines Markierungskegels kennzeichnen. Welches der Kinder traut sich das zu tun? Diejenigen Kinder, die den Mut dazu haben, fangen an.

Und wer möchte dabei gerne an die Hand genommen werden? Die betreffenden Kinder suchen sich jeweils ein Partnerkind aus, das sie auf dem Schotterweg begleitet. Sollten jedoch Kinder dabei sein, die nicht barfuß losgehen möchten, dann dürfen sie sich natürlich auch mit Schuhen auf dem Weg machen.

Ziel ist es, dass die Kinder ihre Grenzen austesten und dabei selbst entscheiden, wie weit sie im wahrsten Sinne des Wortes gehen wollen.

Weitere Möglichkeit:

Die Kinder dürfen der Reihe nach den anderen Kindern zeigen, was sie barfuß auf dem Schotterweg machen können. Sie können sich z. B. auf einem Bein hinstellen, auf den Steinen hüpfen oder sich sogar auf die spitzen Steine setzen.

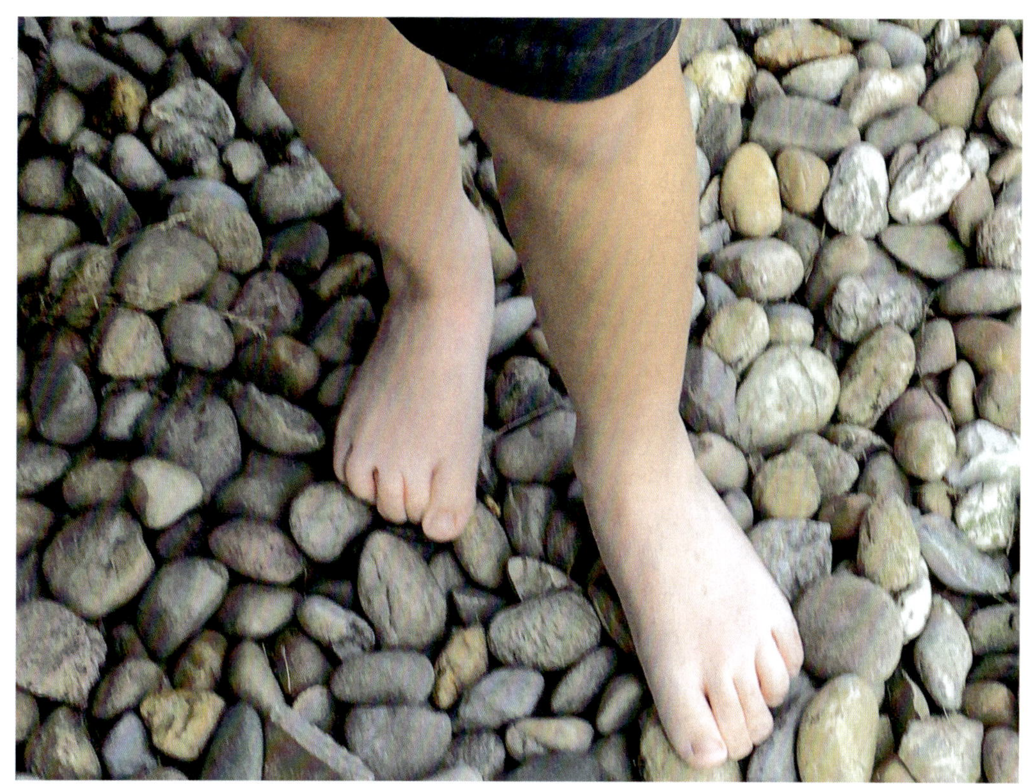

Indem sich die Kinder trotz der vielen „Stolpersteine“ in ihrem eigenen Tempo auf den Weg machen, lernen sie spielerisch, dass man dennoch sein Ziel erreichen kann. Damit das jedoch gelingt, muss man den Mut dazu haben, den ersten Schritt zu tun.

Vorausschauendes Fahren

Alter: ab 4 Jahren

Material: für jedes Kind 1 Gymnastikreifen, 4 Markierungskegel, 1 Stoppuhr oder Uhr mit Sekundenzeiger, 1 Trillerpfeife; evtl. für jedes Kind 1 Spielzeugauto

Sozialform: Kleingruppe

Zeitaufwand: 2–3 Minuten

Spielverlauf:
Zu Beginn holt sich jedes Kind einen Gymnastikreifen.
Auf einem überschaubaren Spielfeld, das Sie mit vier Markierungskegeln kennzeichnen können, verteilen sich alle „AutofahrerInnen".
Auf los geht's los! Jedes Kind geht langsam mit seinem Reifen, der das Lenkrad darstellt, kreuz und quer auf dem Spielfeld herum.
Wer jedoch viel zu schnell in der Stadt bzw. auf dem Spielfeld unterwegs ist und andere vielleicht dabei sogar gefährdet, erhält von Ihnen ein „Fahrverbot". Dieses Kind pausiert so lange außerhalb des Spielfelds, bis eine Minute vorüber ist oder evt. ein anderes Kind einen Regelverstoß begangen hat. Wer schafft es, bis zum Schlusspfiff die „Verkehrsregeln" zu befolgen?

Variante:
Die Kinder platzieren einen Gymnastikreifen auf dem Boden und holen sich jeweils ein Spielzeugauto.
Auf Ihre Anweisung hin stellen alle Kinder ihre Autos in den Reifen. Danach geben Sie das Startkommando. Alle Kinder „fahren" los und zwar so, dass sie sich gegenseitig nicht mit ihren Autos berühren. Damit das jedoch gelingt, dürfen sie nicht zu schnell unterwegs sein. Ansonsten gelten die gleichen Verkehrsregeln wie im vorherigen Spiel beschrieben.

Bei diesem Reaktionsspiel tun die Kinder so, als ob sie ein Kraftfahrzeug im Stadtverkehr lenken würden. Ziel ist es, dass alle „AutofahrerInnen“ gut und sicher durch den „Straßenverkehr“ kommen und somit auch aufeinander Rücksicht nehmen.

Was ich mir bereits zutraue

Alter: ab 4 Jahren

Material: kleine Herausforderungen, wie z. B. 1 Sprossenwand, 1 Turnkasten, 1 Wackelbrett, 1 Gymnastikreifen und Turnmatten

Zeitaufwand: 5–10 Minuten

Sozialform: Kleingruppe

Vorbereitung:
Im Bewegungsraum können Sie den Kindern u. a. diese Sportgeräte zur Verfügung stellen:

- 1 Sprossenwand mit Turnmatten
- 1 Sprungkasten mit Turnmatte
- 1 Wackelbrett
- 1 Gymnastikreifen

Spielverlauf:
Die Kinder knien sich mit dem Rücken vor einer Wand auf den Boden hin. Das vorderste Kind in der Reihe ist dran, nachdem alle den folgenden Spruch aufgesagt haben:

„Hallo ...*(Vornamen des Kindes einsetzen)* ist nun dran.
Zeig' uns mal, was man so alles machen kann!"

Daraufhin kann das Kind z. B. auf die Sprossenwand klettern, vom Sprungkasten auf die Turnmatte springen, sich auf das Wackelbrett stellen oder einfach auf dem Gymnastikreifen einmal links herum balancieren. Sobald jedoch das Kind sein Vorhaben gut gemeistert hat, applaudiert die Gruppe laut.
Im Anschluss daran setzt es sich neben das letzte Kind in der Reihe. Danach darf das vorderste Kind in der Reihe, nachdem alle wieder den Spruch aufgesagt und dabei das Kind namentlich erwähnt haben, genauso zeigen, was es kann.
Sobald alle ihr Können zum Besten gegeben haben, sagen sie laut:

„Ich kann vieles schaffen, wenn ich muss.

Für heute ist jedoch erstmal Schluss!“

Sätze wie „Ich schaffe das!“ oder „Ich werde es euch zeigen, dass ich es kann!“ machen bewusst, dass die Kinder an ihr Können glauben. Dabei spielt es keine Rolle, ob es am Ende tatsächlich funktioniert oder nicht. Vielmehr geht es darum, dass man sich etwas zutraut und dabei stets sein Allerbestes gibt.

Wir meistern das gemeinsam

Auf verspielte Weise den „Schwächeren" helfen lernen und zusammen etwas erreichen

Kinder treffen in der Kita auf viele andere Kinder, die unterschiedliche Fähigkeiten besitzen können. Dabei lernen sie, mit jüngeren und älteren Kindern zurechtzukommen und, falls nötig, bei diversen Dingen zu helfen. Das kann z. B. beim Basteln, Bauen oder einfach Anziehen sein. Füreinander da sein, wenn es nötig ist, lernen Kinder jedoch nicht von heute auf morgen. Vielmehr müssen sie begreifen lernen, dass man nicht nur anderen helfen, sondern auch Hilfe bekommen kann. Außerdem sollten sie erfahren, dass Geben genauso schön wie Nehmen sein kann. Das Gefühl, von jemandem gebraucht zu werden, kann durchaus das Selbstwertgefühl steigern und stolz auf das eigene Können machen.
In diesem fünften Kapitel sollen die Kinder sich gegenseitig intensiv beobachten und dabei auf verspielte Weise u. a. auch herausfinden, ob ein Kind aus ihrer Gruppe gerade Hilfe braucht oder es gegebenenfalls auch alleine schaffen kann. Mithilfe der Praxisideen wird gezeigt, dass es viele Möglichkeiten gibt, um anderen zu helfen, die übrigens nicht nur dankbar, sondern auch über so viel Hilfsbereitschaft und soziales Engagement überrascht sein können. Auf diese Weise wird das soziale Gruppenklima und Zugehörigkeitsgefühl enorm gestärkt. Nicht zuletzt sollen die Kinder auch erfahren, wie sie mit vereinten Kräften viel mehr erreichen können und somit auch als Team Schwächen von anderen im Team ausgleichen können.

„Die Menschen sind da, um einander zu helfen, und wenn man eines Menschen Hilfe in rechten Dingen nötig hat, so muss man ihn dafür ansprechen."

Jeremias Gotthelf (1797–1854), eigentlich Albert Bitzius, Schweizer Pfarrer und Erzähler

Ich brauche dich

Alter: ab 5 Jahren

Material: für jedes Paar 1 Softball, Tanzmusik

Sozialform: Paarübung

Zeitaufwand: 3–5 Minuten

Spielverlauf:
Alle Kinder bilden Paare, denen Sie jeweils einen Softball geben.
Immer zwei Kinder stehen Rücken an Rücken und zwar so, dass der Softball zwischen ihre Rücken gepresst werden kann.
Zum Rhythmus der Musik tanzen die einzelnen Paare nun mit ihren Bällen so lange durch den Raum, bis Sie die Musik stoppen. Welche Paare bleiben dann stehen und zwar, ohne dass ihnen der Ball auf den Boden fällt?
Danach schalten Sie die Musik wieder ein, sodass alles von vorne beginnt.
Auf diese Weise geht's immer weiter, bis die Musik beendet ist.

Variante:
Diejenigen Paare, die ihren Ball unterwegs verlieren, knien sich auf den Boden und warten so lange ab, bis ein anderes Paar vorbeikommt, das in die Hände klatscht. Auf diese Weise ist das Paar sofort aus seiner misslichen Lage befreit und darf wieder mitmachen, indem es aufsteht und sich den Ball wieder zwischen ihre beiden Rücken klemmt.
Ziel ist es, dass bis zum Musikstückende alle Paare mit ihren Bällen fröhlich tanzen und Spaß dabei haben.

Bei diesem Tanzspiel sollen sich die einzelnen Paare aufeinander einlassen, miteinander eine Aufgabe erfüllen und trotzdem weitermachen, falls etwas nicht sofort funktioniert. In letzteren Fall geht's dann voller Zuversicht und Hoffnung wieder weiter, damit sie bis zum Musikstückende dabei sein können.

Motivation-Stopptanz

Alter: ab 4 Jahren

Material: Tanzmusik

Sozialform: Klein- oder Großgruppe

Zeitaufwand: 5–10 Minuten

Spielverlauf:
Zum Rhythmus der Musik tanzen alle Kinder frei durch den Raum.
Stoppt die Musik, suchen sich alle Kinder so schnell wie möglich ein paar Freunde, die sie voller Freude umarmen können. Sobald sich jedoch kleinere oder größere Gruppe gefunden haben und Arm in Arm zusammenstehen, rufen alle laut:

„Wir schaffen das!"

Im Anschluss daran schalten Sie wieder die Tanzmusik ein, sodass alle wieder einzeln im Raum tanzen. Das geht wieder so lange, bis Sie erneut die Musik stoppen und die Kinder sich wieder schnellstmöglich ein paar Freunde zum Umarmen suchen.
Auf diese Weise finden noch ein paar Tanzrunden statt, bei denen die Kinder sich gegenseitig jede Menge Mut zusprechen können.

Variante:
Sobald Sie die Musik stoppen, benennen Sie eine Zahl. Dementsprechend sollen die Kinder Gruppen mit der gleichen Anzahl an Kindern bilden, die sich gegenseitig Mut und sich stark machen.

Füreinander da sein, sich gegenseitig aufbauen und Mut machen, stärkt das Gemeinschaftsgefühl. Das und noch viel mehr können die Kinder mithilfe des Praxisangebots durch verschiedene Gruppenkonstellationen erfahren und erleben.

Ich bin für meine Freunde da

Alter: ab 3 Jahren

Material: 1 weißes DIN-A3-Papier oder 1 Keilrahmen, für jedes Kind 1 Malkittel, Fingerfarben, 1 Pinsel, alte Zeitungen

Sozialform: Kleingruppe

Zeitaufwand: 5–10 Minuten

Vorbereitung:
Zu Beginn können Sie alte Zeitungen auf dem Tisch ausbreiten, auf die Sie dann die Malutensilien platzieren. Währenddessen ziehen die Kinder ihre Malkittel an.

Spielverlauf:
Eines der Kinder beginnt und sucht sich eine Farbe aus, die Sie dem Kind mit einem Pinsel auf beide Hände auftragen können. Während nun das Kind zwei Handabdrücke auf dem Papier macht, sagt es laut:

„Ich bin für meine Freunde da!"

Daraufhin rufen alle übrigen Kinder laut:

„Jaaaa!"

Im Anschluss daran darf ein anderes Kind auf die gleiche Art und Weise zwei Handabdrücke auf dem Papier machen.
Es geht so immer weiter, bis alle Kinder an der Reihe gewesen sind und somit viele Handabdrücke auf dem Papier zu sehen sind. Daraufhin sagt die Gruppe laut und deutlich:

„Wir sind alle füreinander da!
Daumen hoch und alle rufen ‚Ja!'."

Am Ende halten alle demonstrativ ihren Daumen hoch.

Durch die Handabdrücke wird den Kindern bewusst gemacht, dass in der Kita viele Kinder sind, mit denen sie spielen, toben und Quatsch machen können. Mithilfe der Praxisidee soll ihnen auch verdeutlicht werden, dass Freunde natürlich auch füreinander da sind und einander helfen, falls erforderlich.

Hand drauf

Alter: ab 4 Jahren

Material: –

Sozialform: Kleingruppe

Zeitaufwand: 3–5 Minuten

Spielverlauf:
Die Kinder sitzen zusammen an einem Tisch.
Miteinander überlegen sie, wie sie Freunden helfen können.
Mögliche Antworten können z. B. sein: Zuhören, trösten, Schuhe binden und das Frühstücksbrot teilen.
Eines der Kinder legt dann seine flache Hand auf den Tisch und sagt z. B.:

„Ich helfe manchen Kindern beim Jacke anziehen, wenn ich kann.
Und nun ist ... *(Vornamen des Kindes einsetzen)* dran!“

Dasjenige Kind, das nun das Kind namentlich benannt hat, legt seine Hand auf die des ersten Kindes und sagt dann z. B.:

„Ich tröste Kinder, die weinen, wenn ich kann.
Und nun ist *(Vornamen des Kindes einsetzen)* dran!“

Daraufhin darf dasjenige Kind, das vom vorherigen Kind namentlich benannt wurde, seine Hand auf dessen Hand legen.
Auf diese Weise geht's immer weiter, bis alle Kinder an die Reihe gekommen sind.
Im Anschluss sagen alle laut:

„Wir sind für einander da, Leute!
Und das jedoch nicht nur heute!
Hand drauf!“

Indem die Kinder ihre Hände aufeinanderlegen, bekräftigen sie ihre Aussage, dass sie stets füreinander da sind. Das beinhaltet auch, dass sie anderen Kindern in der Gruppe in bestimmten Situationen helfen, falls das erforderlich und von den betreffenden Kindern erwünscht sein sollte.

Fels in der Brandung

Alter: ab 3 Jahren

Material: für Sie und jedes Kind 1 Kieselstein, Wachsmalstifte, 4–6 farbenfrohe Chiffontücher

Sozialform: Klein- oder Großgruppe

Zeitaufwand: 10–15 Minuten

Vorbereitung:
Die Kinder dürfen sich jeweils einen Kieselstein aussuchen, den sie auf die Tischmitte legen. Wer möchte, bemalt seinen Kieselstein. Erzählen Sie den Kindern dann, dass jeder Stein nun einen Fels in der Brandung darstellen soll, den nicht einmal die höchsten Wellen umhauen können.

Spielverlauf:
Auf dem Tisch breiten Sie nun ein paar farbenfrohe Chiffontücher aus.
Eines der Kinder beginnt und legt seinen Fels bzw. Stein auf die Tücher und sagt laut:

„Wie ein Fels in der Brandung bin ich für dich.
... *(Vornamen des Kindes einsetzen)* kann sich stets verlassen auf mich!“

Das aufgerufene Kind tut es ihm gleich, indem es eines der Kinder, das einen Stein in den Händen hält, aufruft.
Auf diese Weise geht's immer weiter, bis alle Steine auf den Tüchern liegen.
Zum Schluss legen Sie Ihren Stein dazu und nennen nun namentlich auf die gleiche Weise dasjenige Kind, das dieses Spiel mit seinem Stein begonnen hat.

Anhand der Kieselsteine wird den Kindern die große Anzahl an Kindern in der Gruppe bewusst, die sich gegenseitig unterstützen und helfen können. Dabei sollen sie auch erfahren, dass jedes Kind ein wichtiger Bestandteil der Gruppe ist.

Wir schaffen das

Alter: ab 4 Jahren

Material: 1 leerer großer Karton, 1 Stoppuhr oder Uhr mit Sekundenzeiger

Sozialform: Kleingruppe

Zeitaufwand: 5–10 Minuten

Vorbereitung:
In einen Umzugskarton o. Ä. legen Sie jede Menge gebrauchte Sachen, wie z. B. Bücher, Rhythmusinstrumente und Gesellschaftsspiele.

Spielverlauf:
Auf Ihr Kommando sollen die Kinder die Sachen, die sich im Karton befinden, herausholen und aufräumen. Es ist jedoch wichtig, dass die Sachen gut sortiert aufgeräumt werden. Somit befinden sich z. B. die Bücher in einem und alle Rhythmusinstrumente in einem anderen Regal.
Wird die Gruppe das Vorhaben in einer von Ihnen vorgegebenen Zeit schaffen? Stoppen Sie die Zeit sobald die vereinbarte Spielzeit abgelaufen ist. Danach schauen alle nach, ob der Karton leer ist und die Sachen richtig aufgeräumt wurden. Sollte das jedoch nicht der Fall sein, fängt das Spiel mit den übrigen oder falsch eingeräumten Sachen von vorne an. Auf diese Weise kommt die Gruppe über einen kleinen Umweg irgendwann auch ans Ziel.

Hinweis:
Spielen viele jüngere Kinder mit, erhält die Gruppe zum Aufräumen die doppelte Spielzeit, d. h. z. B. anstatt fünf dann zehn Minuten.

Mit vereinten Kräften geht im Alltag vieles leichter. Die Kinder erleben das bei diesem Praxisangebot auf verspielte Weise. Das geht jedoch nur, wenn alle davon überzeugt sind, dass die Aufgabe gemeinsam gut machbar ist.

Schnelle Backstube

Alter: ab 4 Jahren

Material: Sandformen, Stoppuhr oder Uhr mit Sekundenzeiger

Sozialform: Kleingruppe

Zeitaufwand: 3–5 Minuten

Spielverlauf:
Jedes Kind holt sich ein Sandform und begibt sich in den Sandkasten.
Die Kinder befinden sich nun in einer Backstube und sollen möglichst schnell Sandkuchen backen. Wie viele Sandkuchen werden sie wohl innerhalb einer Minute schaffen? Damit die Kinder ein Gespür für Zeit erhalten, zählen Sie gemeinsam mit den Kinder sechsmal bis Zehn.
Auf los geht's dann los! Die Kinder dürfen nun tatsächlich im Sandkasten möglichst viele Sandkuchen mithilfe ihrer Sandformen herstellen. Nach einer Minute pfeifen sie das Spiel ab.
In der zweiten Spielrunde sollen sie noch mehr Sandkuchen in der gleichen Zeit schaffen.
Sollte das jedoch nicht gelingen, wiederholen sie das Spiel noch einmal. Dabei zählen Sie aber die Sandkuchen aus der zweiten Spielrunde einfach dazu, sodass die Kinder auf jeden Fall das gesteckte Ziel erreichen.

Variante:
Es werden zwei gleich große Gruppen gebildet, die gegeneinander antreten. Welches Team wird wohl nach einer Minute die meisten Sandkuchen „gebacken" haben?
Danach gibt es eine Revanche, sodass auch der zweite Sieger noch eine Chance auf den ersten Platz hat.

Miteinander spielen und gegen die Zeit oder ein anderes Team anzutreten, macht Spaß und steigert die Motivation, gemeinsam ein bestimmtes Ziel zu erreichen. Auf diese Weise kann auch ein starkes Team so manche Schwächen, die menschlich sind und in jedem Team vorkommen können, ausgleichen.

Miteinander am Ball bleiben

Alter: ab 5 Jahren

Material: 1 Softball, 1 Stoppuhr oder Uhr mit Sekundenzeiger

Sozialform: Kleingruppe

Zeitaufwand: 3–5 Minuten

Spielverlauf:
Die Kinder bilden eine Reihe und geben sich gegenseitig die Hände.
Dem vordersten Kind legen Sie einen Ball direkt vor die Füße hin.
Auf Ihr Kommando geht's los. Das vorderste Kind in der Reihe soll den Ball vor sich her kicken. Dabei dürfen die Kinder sich keinesfalls loslassen. Zudem soll der Ball während des Spielverlaufs stets rollen.
Das Spiel ist aus, sobald eines der Kinder die Hand eines anderen loslässt oder der Ball auf dem Boden liegen bleibt.
Die Gruppe hat jedoch als Team das Ballspiel gewonnen, wenn sie alle Spielregeln bis zum Schlusspfiff, der durch Sie nach drei Minuten erfolgt, einhalten konnten.
Ansonsten wiederholt die Gruppe als Team das Ballspiel, jedoch wird dann die Spielzeit um eine Minute verkürzt, sodass sie alle nur noch zwei Minuten genauso wie zuvor beschrieben unterwegs sind.

Variante:
Es werden zwei bis drei Gruppen mit jeweils drei bis vier Kindern gebildet.
Jede Gruppe erhält einen Ball.
Ansonsten verläuft alles so wie im vorherigen Spiel beschrieben. Es sind jedoch nun mehrere Teams unterwegs, sodass der Schwierigkeitsgrad allein schon durch die Anzahl an Teams, die alle Platz für das Ballspiel brauchen, erhöht wird.

Jedes Glied in der Kette ist wichtig. Das ist die Grundidee, die hinter diesem Praxisangebot steckt und den Kindern so auch auf verspielte Weise vermittelt wird. Damit jedoch das vorderste Kind in der Reihe im wahrsten Sinne des Wortes am Ball bleiben kann, bedarf es eines guten sozialen Miteinanders, bei dem auch auf das Tempo von „Schwächeren" in der Gruppe geachtet werden muss.

In Windeseile einen Turm bauen

Alter: ab 4 Jahren

Material: jede Menge Bauklötze, 1 Sanduhr (5 Minuten)

Sozialform: Kleingruppe

Zeitaufwand: 6–8 Minuten

Spielverlauf:
Die Kinder setzen sich in die Bauecke und drehen eine Sanduhr um.
Die Aufgabe der Kinder besteht nun darin, einen möglichst hohen Turm um die Sanduhr herum zu bauen. Das dürfen sie jedoch nur so lange, bis der Sand durchgerieselt ist.
Im Anschluss daran holen sie behutsam die Sanduhr aus dem Turm heraus und wiederholen das Spiel in der Nähe des bereits gebauten Turms, indem sie abermals die Sanduhr umdrehen. Danach bauen sie um diesen herum wieder einen hohen Turm. Sobald jedoch der Sand durchgerieselt ist, vergleichen sie die Höhe beider Türme und sind gespannt, ob der zweite Versuch besser als der erste verlaufen ist. Falls ja, haben sie die Aufgabe mit Bravour gemeistert.

Variante:
Das Spiel verläuft so ähnlich wie oben beschrieben, jedoch sollen die Kinder mit den Bauklötzen auf irgendeine Weise ein hohes Bauwerk bauen. Dabei ist der Fantasie keine Grenzen gesetzt. Für beide Spielrunden haben sie wieder jeweils fünf Minuten Zeit.

Bei diesem Praxisangebot sollen die Kinder als Team zusammenarbeiten und einen möglichst hohen Turm bauen. Das gelingt jedoch nur, wenn sie sich aufeinander einlassen, sich gegenseitig helfen und füreinander da sind.

Komm, wir helfen dir!

Alter: ab 3 Jahren

Material: Spielsachen zum Aufräumen, 1 Handtrommel, 1 Handspielpuppe

Sozialform: Klein- oder Großgruppe

Zeitaufwand: 10–15 Minuten

Spielverlauf:
Kinder spielen gerne, räumen jedoch oftmals nicht so gerne auf. Sobald wieder einmal genug kreatives Chaos im Gruppenraum entstanden ist, trommeln Sie kräftig, um sich Gehör zu schaffen. Danach bitten Sie die Kinder zu Ihnen zu kommen, um miteinander aufzuräumen. Bevor das jedoch geschieht, lassen Sie eine Handpuppe zu den Kindern sprechen:

„Hallo, liebe kleine und große Leute.
Es gibt sehr viel zum Aufräumen heute.
Sich gegenseitig helfen, macht Spaß.
Ich bin gespannt, ob das klappt. Gebt Gas!“

Am Ende fügen Sie hinzu, dass die Puppe nun genau beobachtet, ob sich alle Kinder tatsächlich gegenseitig beim Aufräumen helfen.

Kinder helfen Kindern und somit auch beim Aufräumen. Bei dieser Praxisidee lernen die Kinder, ihren Blick für diejenigen Kinder zu schärfen, die nicht so schnell sind und vielleicht andere brauchen, die ihnen einfach unter die Arme greifen und helfen.

Ich bin ein Glückskind

Sich voller Spielfreude dem Positiven zuwenden und das Glücklichsein lernen

Wann sind Kinder glücklich? Wenn Sie ich an ihre eigene Kindheit erinnern, dann ist es bestimmt die Zeit, die Sie mit Ihren Freunden verbracht haben. Vielleicht fallen Ihnen auch sofort bestimmte Dinge ein, die Ihnen besonders viel Vergnügen bereitet haben. Kann man also Glücklichsein lernen?

Die Frage ist eigentlich zu bejahen. So wird z. B. in der Kita nicht nur mit Gleichaltrigen ausgelassen und intensiv gespielt, sondern auch gemeinsam gelacht, getobt und jede Menge Blödsinn gemacht. Darüber hinaus bereiten Kindern gezielte Angebote viel Vergnügen, bei denen der Spielspaß im Vordergrund steht und sie von Anfang an eine realistische Möglichkeit haben, das Ganze erfolgreich abschließen zu können.

Im sechsten Kapitel werden Ihnen nun verschiedene Praxisideen vorgestellt, die sich schwerpunktmäßig mit dem persönlichen Glück befassen. Dabei wird den Kindern in erster Linie spielerisch bewusst gemacht, was ihnen Freude bereitet, wie sie in bestimmten Situationen laut und deutlich „Nein!" sagen können und welche Träume und Visionen vielleicht in ihnen schlummern, die sie im Herzen bewahren und nicht einfach aufgeben sollten. Auf verspielte Weise lernen sie, dass ihr persönliches Glück nicht von materiellen Dingen abhängig ist. Sie erfahren, wie sie sich gerade auch in schlechten Zeiten wieder auf schöne Sachen fokussieren können, selbst wenn sie das Gefühl haben, dass die Welt sich gegen sie verschworen hat. Darüber hinaus lernen sie Möglichkeiten kennen, um ihr persönliches Glück selbst in der Hand nehmen, sodass sie ein glückliches und kein „ewig zu kurz gekommenes" Kind sein können.

„Jeder hat sein eigen Glück unter den Händen, wie der Künstler die rohe Materie, die er zu einer Gestalt umbilden will. Aber es ist mit dieser Kunst wie mit allen; nur die Fähigkeit dazu wird uns angeboren, sie will gelernt und sorgfältig ausgeübt werden.“

Johann Wolfgang von Goethe (1749–1832), deutscher Dichter und Naturforscher

Was wirklich zählt

Alter: ab 4 Jahren

Material: 1 großes DIN-A2-Tonpapier, Wachsmalstifte

Sozialform: Kleingruppe

Zeitaufwand: 10–15 Minuten

Spielverlauf:
Die Kinder sitzen zusammen am Tisch, auf den Sie ein großes Tonpapier und Wachsmalstifte legen.
Miteinander überlegen die Kinder, was glücklich macht. Damit sind jedoch in erster Linie solche Dinge gemeint, die sie nicht kaufen können. Damit die Kinder aber wissen, welche immateriellen Dinge sie glücklich machen, können Sie ein Beispiel geben, indem Sie z. B. sagen:

„Ich bin glücklich, wenn die Sonne scheint!"

Danach darf ein weiteres Kind, das Sie namentlich benennen, sagen, was es glücklich macht. Daraufhin kann das Kind folgende Antwort geben:

„Ich bin glücklich, wenn ich mit meinen Freunden spielen kann!"

Das Kind wählt dann ein weiteres Kind aus, sodass das Frage-Antwort-Spiel auf die gleiche Weise fortgesetzt werden kann.
Erst wenn alle an der Reihe gewesen sind, dürfen alle das, was sie benannt haben, auf das große Tonpapier zeichnen. Das können eine Sonne, Freunde zum Spielen, ein Baum zum Klettern, ein Ball zum Spielen oder aber das Backen eines Geburtstagskuchens mit Mutter oder Vater sein.

Bei dieser Praxisidee sollen die Kinder sich bewusst machen, dass man für Glück kein Geld braucht. Ein Treffen mit Freunden, ein Fußballspiel oder einfach in der Sonne liegen und träumen können wunderschöne Glücksmomente sein, die mit Geld nicht zu bezahlen sind.

Wahres Glück

Alter: ab 4 Jahren

Material: 1 Ball, 1 runder Pappteller mit einem aufgemalten oder aufgedruckten lachenden Gesicht

Sozialform: Klein- oder Großgruppe

Zeitaufwand: 5–10 Minuten

Spielverlauf:

Die Kinder sitzen im Kreis im Schneidersitz auf dem Boden.

Die Kinder sollen nun auf Ihre Bitte hin gemeinsam überlegen, was sie glücklich macht. Eines der Kinder, das gerne anfangen möchte, erhält von Ihnen den Pappteller, auf dem ein fröhlicher Gesichtsausdruck abgebildet ist. Während nun das Kind den fröhlichen Gesichtsausdruck betrachtet, darf es etwas Schönes benennen, das es glücklich macht. Das kann z. B. draußen mit Freunden Verstecken spielen, im Sandkasten buddeln oder einfach ein tolles Gesellschaftsspiel sein, das es gerne in der Kita oder zu Hause spielt.

Danach übergibt es den Pappteller demjenigen Kind, das links neben ihm im Kreis sitzt. Das betreffende Kind tut es ihm gleich und fügt etwas Neues hinzu, das ihm ein Lächeln ins Gesicht zaubert und sein Herz erfreut.

Auf diese Weise geht's immer weiter, bis das Kind, das das Spiel angefangen hat, wieder den Pappteller in den Händen hält.

Variante:

Das Spiel verläuft so wie oben beschrieben, jedoch wiederholt dasjenige Kind, das gerade an der Reihe ist, das, was sein Vorgänger oder seine Vorgängerin gesagt hat. Danach darf es dann etwas Neues hinzufügen.

Auf diese Weise werden das aufmerksame Zuhören, die Konzentration und die Merkfähigkeit geübt.

Bei diesem Praxisangebot sollen die Kinder sich bewusst werden, welche Vorlieben sie haben, die sie letztendlich glücklich machen. Indem sie so wie in diesem Fall einen Ball mit einem fröhlichen Gesichtsausdruck in den Händen halten und anschauen, fällt ihnen bestimmt sofort etwas Passendes dazu ein.

Miteinander spielen

Alter: ab 4 Jahren

Material: –

Sozialform: Klein- oder Großgruppe

Zeitaufwand: 5–10 Minuten

Spielverlauf:
Während nun die Kinder im Kreis beisammen sitzen, sagen Sie den folgenden Spruch und deuten dabei auf sich selbst:

„Ich spiele mit Freunden gerne in der Bauecke.
Ich spiele mit Freunden gerne draußen Verstecke.
Ich spiele mit Freunden gerne im Morgenkreis.
Und was machst du mit Freunden? Wer das wohl weiß?"

Sobald Sie den letzten Satz sprechen, deuten sie auf ein beliebiges Kind.
Wer von den übrigen Kinder findet heraus, was das betreffende Kind gerne mit seinen Freunden spielt? Die Kinder raten munter darauf los. Am Ende löst das betreffende Kind das Rätsel auf, indem es sagt, was es gerne mit seinen Freunden in der Kita macht.
Danach wiederholen Sie den Spruch und deuten auf ein weiteres Kind, das auf die gleiche Weise im Mittelpunkt des Spielgeschehens steht.
Das Spiel ist aus, sobald alle Kinder an die Reihe gekommen sind.

Indem sich die Kinder auf verspielte Weise gegenseitig einschätzen lernen und herausfinden, was sie alle gerne mit ihren Freunden machen, werden sie ohne viel Zutun auch viele Gemeinsamkeiten entdecken und somit auch SpielpartnerInnen mit ähnlichen Interessen finden.

Was braucht es zum Glück?

Alter: ab 5 Jahren

Material: Puzzle, z. B. 16–24 Teile

Sozialform: Klein- oder Großgruppe

Zeitaufwand: 5–10 Minuten

Spielerlauf:
Die Kinder sitzen zusammen im Kreis oder, falls eine geringe Anzahl an Kindern mitmacht, am Tisch. In die Kreismitte oder auf den Tisch legen Sie dann die Puzzleteile.
Die Kinder überlegen nun, was es braucht, damit sich alle in der Gruppe wohl und glücklich fühlen. Dabei sollen sie sich insbesondere auf Gruppenregeln besinnen, die für das soziale Miteinander unerlässlich sind.
Indem Sie auf ein Puzzleteil deuten, fangen Sie an, etwas Passendes zu benennen. Dabei können Sie z. B. sagen:

„Damit sich alle in der Gruppe wohl und glücklich fühlen, sollten wir füreinander da sein!“

Eines der Kinder, das sich per Handzeichen meldet und von Ihnen namentlich benannt wird, darf ein weiteres passendes Puzzleteil zu Ihrem hinzufügen. Dabei sagt es z. B. laut:

„Damit sich alle in der Gruppe wohl und glücklich fühlen, sollten wir uns, falls notwendig, gegenseitig helfen!“

Das Kind tauscht dann den Platz mit einem anderen, das nun auf die gleiche Weise das Spiel fortsetzen darf.
Das Spiel ist aus, sobald alle Kinder zumindest einmal an die Reihe gekommen sind und das Puzzle fertiggestellt wurde.

Indem die Kinder miteinander puzzeln und bei jedem Puzzleteil eine Verhaltensweise benennen, die sich positiv auf das Gruppenklima auswirkt, wird ihnen bewusst gemacht, worauf es ankommt, damit sich jedes Kind in der Gruppe wohl und glücklich fühlen kann. Machen Sie den Kindern an dieser Stelle auch bewusst, dass jedes von ihnen viel dazu beitragen kann, damit das Vorhaben gelingt.

Wir stehen hinter dir!

Alter: ab 5 Jahren

Material: –

Sozialform: Kleingruppe

Zeitaufwand: 3–5 Minuten

Spielverlauf:
Zu Beginn stellen Sie sich direkt vor ein beliebiges Kind und zwar so, dass Sie ihm in die Augen schauen können. Dabei sagen Sie Folgendes:

„Du sollst glücklich sein und Freude haben.
Das möchte ich dir jetzt einfach mal sagen.
Du sollst tun, was für dich gut ist im Leben.
Zu finden was glücklich macht, ist ein Segen!
Wir stehen hinter dir und freuen uns für dich!"

Daraufhin eilen alle Kinder herbei und stellen sich rasch hinter das Kind, um zu zeigen, dass sie hinter dem, was es glücklich macht, stehen.

Danach sagen Sie ebenfalls laut:

„Was magst du? Das interessiert nicht nur mich!"

Das Kind dreht sich dann um und teilt der Gruppe mit, was genau es glücklich macht. Das kann z. B. turnen, malen oder einfach mit Freunden spielen sein.
Auf diese Weise finden noch ein paar Durchgänge mit jeweils einem anderen Kind statt, das am Ende die Frage beantworten darf.

Die Kinder sollen spielerisch dazu ermutigt werden, ihr eigenes Glück in die Hand zu nehmen und zu erkennen, dass es auch Menschen gibt, die hinter dem, was sie tun, stehen. Dabei ist es wichtig, dass die Kinder zunächst herausfinden, was ihnen wirklich gefällt und Freude bereitet.

Ganz entspannt und glücklich

Alter: ab 5 Jahren

Material: –

Sozialform: Kleingruppe

Zeitaufwand: 3–5 Minuten

Spielverlauf:
Die Kinder sitzen zusammen im Stuhlkreis und bilden eine Faust. Während Sie nun den Text vorlesen, strecken die Kinder ausgehend vom Daumen der Reihe nach drei Finger passend zum Text aus:

Der Erste sagt: „Entspannung im Freien tut mir einfach sehr gut!
Einen Baum umarmen gibt mir Kraft und Mut!"
Der Zweite sagt: „Entspannung mit Musik tut mir einfach sehr gut!
Einen ruhige Musik anhören, gibt mir Kraft und Mut!"
Der Dritte sagt: „Entspannung auf der Matte tut mir einfach sehr gut!
Eine Massage mit dem Igelball gibt mir Kraft und Mut!"

Im Anschluss daran dürfen die Kinder, die sich zu Wort melden und die Sie dann der Reihe nach namentlich benennen, noch weitere Dinge aufzählen, die ihnen gut tun, Kraft und Mut geben. Mögliche Antworten können z. B. sein: Eine Streichelmassage, Fantasiereise, eine Entspannungsgeschichte oder einfach auf der Wiese träumen und entspannen.

Entspannung tut gut, macht froh und glücklich. Wer entspannt ist, kann sich auch besser auf neue Aufgaben einlassen und auf das Wesentliche konzentrieren. Wie man sich entspannen und dabei glücklich sein kann, wird den Kindern anhand dieser Praxisidee, die sie auch in der Realität umsetzen können, verdeutlicht.

Meine allerbeste Freundin

Alter: ab 3 Jahren

Material: 1 Handspielpuppe o. Ä.

Sozialform: Klein- oder Großgruppe

Zeitaufwand: 3–5 Minuten

Spielverlauf:
Die Kinder sitzen zusammen im Kreis.
Zu Beginn holen Sie sich eine Handspielpuppe, die Sie auf Ihren Schoß setzen. Lassen Sie nun die Handspielpuppe zu den Kindern sprechen, indem Sie den folgenden Text vorlesen:

„Ich habe eine allerbeste Freundin, die mag ich sehr.
Wir spielen, machen Quatsch und noch viel mehr.
Unsere Freundschaft macht mich glücklich jeden Tag.
Gibt es auch jemanden, der auch dich so gerne mag?“

Dasjenige Kind, das links neben Ihnen im Kreis sitzt, darf nun der Gruppe mitteilen, wie seine beste Freundin oder sein bester Freund heißt.
Das Gleiche dürfen auch die übrigen Kinder der Reihe nach im Uhrzeigersinn machen.
Im Anschluss daran können Sie den Kindern das Foto auf Seite 135 zeigen und sie fragen, welche Dinge sie gerne mit ihrer Freundin oder ihrem Freund unternehmen.

Hinweis:
Jedes Mal, bevor ein Kind der Gruppe mitteilt, wie seine Freundin oder sein Freund heißt, können Sie den o. g. Spruch mithilfe der Handspielpuppe aufsagen. Je nachdem, ob ein Mädchen oder ein Junge an der Reihe ist, können Sie auch im Text die Freundin durch den Freund ersetzen.

Indem die Kinder sich mit dem Thema „Freundschaft" beschäftigen, wird ihnen bewusst gemacht, wie schön es ist, jemanden zu haben, mit dem man durch dick und dünn gehen und jede Menge Spaß haben kann. Indem sie den Namen ihres allerbesten Freunds oder ihrer allerbesten Freundin in der Runde verraten, kann das natürlich das betreffende Kind besonders glücklich machen.

Schön, dass du da bist für mich

Alter: ab 4 Jahren

Material: 1 Handtrommel; evtl. 4 Markierungskegel

Sozialform: Klein- oder Großgruppe, gerade Anzahl

Zeitaufwand: 5–10 Minuten

Spielverlauf:
Zu Beginn sollen sich die Kinder überlegen, ob es sie glücklich macht, wenn andere Menschen für sie da sind, wenn es ihnen aus irgendwelchen Gründen nicht so gut gehen sollte. Es können unter anderem die Eltern, Großeltern, Geschwister oder gar ein guter Freund und eine gute Freundin gemeint sein. Damit jedoch die Kinder spüren, dass es in der Gruppe auch viele Kinder gibt, die für sie da sein können, dürfen sie sich zunächst auf einem überschaubaren Spielfeld verteilen, das Sie mit vier Markierungskegeln kennzeichnen können.
Zum Rhythmus des langsamen Trommelspiels, das durch Sie erfolgt, gehen alle kreuz und quer auf dem Spielfeld herum. Stoppt das Trommelspiel, dürfen sich immer zwei Kinder umarmen und dabei Folgendes sagen:

„Schön, dass du da bist für mich!
Das macht mich happy und freut mich!"

Sobald Sie jedoch weiter trommeln, trennen sich die Paare. Die Kinder gehen so lange wieder einzeln auf dem Spielfeld herum, bis abermals das Trommelspiel stoppt. Die Kinder bilden erneut Paare. Sie umarmen sich gegenseitig und sagen den o. g. Spruch auf.
Auf diese Weise finden noch ein paar Spielrunden statt.

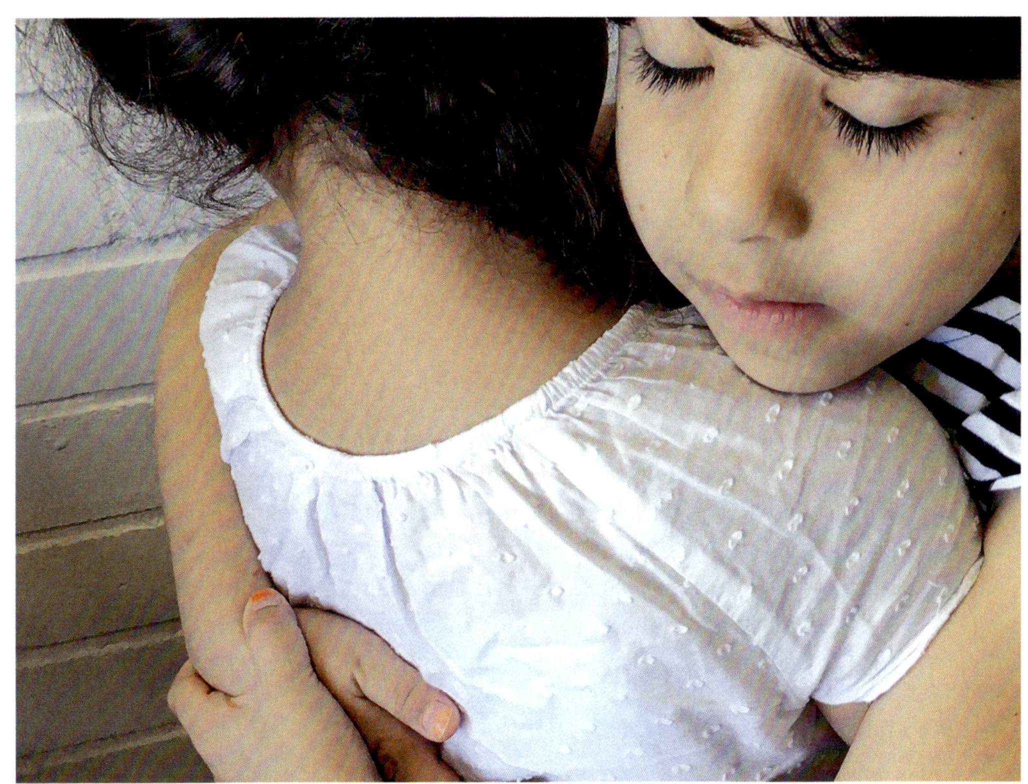

Den Kindern soll durch das Praxisangebot gezeigt werden, dass Glück auch darin bestehen kann, dass z. B. ein Freund oder eine Freundin ein offenes Ohr für ihre Sorgen und Nöten hat und sie, falls nötig, in den Arm nimmt und tröstet. In diesem Fall können sie dann zurecht sagen: „Schön, dass du da bist für mich!"

Miteinander statt alleine

Alter: ab 3 Jahren

Material: –

Sozialform: Klein- oder Großgruppe

Zeitaufwand: 3–5 Minuten

Spielverlauf:
Die Kinder, die zusammen am Tisch sitzen, sollen sich Gedanken darüber machen, was sie gemeinsam mit Freunden schon alles unternommen haben. Das können ganz banale Dinge sein, wie z. B. miteinander frühstücken oder einfach Quatsch machen und fröhlich sein. In diesem Zusammenhang können Sie den Kindern auch das Foto auf Seite 139 zeigen, das sich allein schon für einen Gesprächseinstieg hervorragend eignet. Die Kinder tauschen miteinander ihre schönen Erfahrungen und Erlebnisse aus, bevor sie das folgende Fingerspiel durchführen:

„Wir haben viel Schönes gemacht.
Auf die Kinder deuten.

Ei, das hätte ich niemals gedacht.
Auf sich selbst deuten.

Ja, es erfüllt mein Herz mit Freude
Hände in Herzform.

Ihr seid meine Freunde nicht nur heute.
Auf die Kinder deuten.

Ich bin so happy, dass ich euch habe.
Auf sich selbst und dann auf die Kinder deuten.

Das wollte ich euch schon lange sagen!"
Hände in Herzform.

Anhand des Fingerspiels soll den Kindern verdeutlicht werden, wie schön es sein kann, miteinander etwas Schönes zu machen. Die schönen Erfahrungen und Erlebnisse bleiben nicht nur lange im Gedächtnis haften, sondern schweißen auch zusammen und machen einfach happy.

Füreinander da sein macht froh

Alter: ab 4 Jahren

Material: –

Sozialform: Klein- oder Großgruppe

Zeitaufwand: 3–5 Minuten

Spielverlauf:
Alle Kinder bis auf eines sitzen zusammen im Stuhlkreis.
Das übrige Kind begibt sich in den Innenkreis und tut so, als ob es traurig ist. Dabei setzt es sich auf den Boden hin, schließt seine Augen und senkt den Kopf. Währenddessen sagen alle laut:

„Du musst nicht traurig sein.
Du bist auch nicht allein!"

Danach deuten Sie auf ein beliebiges Kind, das sich heimlich hinter das Kind stellt. Dabei sagt es laut:

„Rate mal, wer dich fröhlich macht!"

Daraufhin darf das Kind das „traurige" Kind kitzeln, bevor es überhaupt eine Antwort geben kann. Denn viel wichtiger als der Name des zu erratenden Kindes ist die Tatsache, dass es wieder froh und glücklich ist.
Danach darf ein anderes „trauriges" Kind in die Kreismitte treten und von dort aus ein neue Spielrunde starten.
Auf diese Weise finden noch ein paar Spielrunden satt.

Mithilfe der Praxisidee soll den Kindern verdeutlicht werden, dass manchmal nicht viel nötig ist, um eine andere Person wieder fröhlich zu stimmen. Indem sie z. B. Blödsinn machen, Grimassen schneiden oder gar einen Witz erzählen, kann die schlechte Stimmung schnell wieder umschwenken, sodass am Ende sogar miteinander herzhaft darüber gelacht werden kann.

Dichter und Denker – Was sie uns auf den Weg geben möchten

Spielerisch Zitate, Sprüche und Weisheiten kennenlernen, die das Herz berühren

Sprüche und Gedichte begleiten uns im Alltag und gibt es zu jedem Anlass. Sie können uralt sein und aus unterschiedlichen Epochen stammen. Sie sind nicht nur in Büchern und auf Kalendern, sondern auch auf Geburtstags-, Glückwunsch- und Trauerkarten zu finden und werden im Zeitalter der Digitalisierung gerne auch mithilfe von elektronischen Endgeräten versendet. Sie können Halt, Orientierung, Geborgenheit, Kraft, Hoffnung und Zuversicht geben sowie Trost spenden. Sie können unter anderem auch Denkanstöße geben, um bestimmte Dinge im Leben, die vielleicht nicht so optimal verlaufen, zu ändern.
Im diesem siebten und letzten Kapitel werden Ihnen altbekannte Sprüche und Gedichte von berühmten Persönlichkeiten bereitgestellt, deren Inhalte und Themen sich auf die Lebenswelt der Kinder beziehen und Optimismus ausstrahlen. Die inneren Bilder, die in Bezug auf die Sprüche und Gedichte entstehen, sollen die Fantasie fördern und zum Nachdenken anregen. Insgesamt sollen sie den Kindern bewusst machen, was wirklich glücklich macht und somit das Herz erfreut. Indem die Kinder sich spielerisch Gedanken über das Glück machen, lernen sie vor allem auch Kleinigkeiten zu schätzen, die auf den ersten Blick vielleicht unscheinbar erscheinen. Indem sie sich mit den Sprüchen und Gedichten befassen, wird die Kommunikation gefördert. Auf diese Weise können sie auch herausfinden, was Glück für sie selbst und andere bedeutet. Dabei werden sie nicht nur Unterschiede, sondern auch viele Gemeinsamkeiten entdecken. Unabhängig davon, werden sie auf diese Weise auch viel Positives über die Freundschaft lernen.

„Wenn Kopf und Herz sich widersprach,
tät doch das Herz zuletzt entscheiden.
Der arme Kopf gibt immer nach;
er ist der Klügere von beiden."

Paul Heyse (1830–1914), deutscher Schriftsteller, Dramatiker und Übersetzer

Glück ist, was jeder sich als Glück gedacht

Friedrich Halm (1806–1871), österreichische Dichter, Novellist und Dramatiker

Alter: ab 4 Jahren

Material: –

Sozialform: Klein- oder Großgruppe

Zeitaufwand: 3–5 Minuten

Spielverlauf:
Die Kinder sitzen zusammen im Kreis.
Zu Beginn teilen Sie den Kindern mit, was der bekannte österreichische Dichter Friedrich Halm zum Besten gegeben hat:

„Glück ist, was jeder sich als Glück gedacht!"

Wiederholen Sie den Satz noch ein paarmal, bevor Sie den Kindern das Foto auf der Seite 145 zeigen. Fragen Sie die Kinder, was sie auf dem Foto sehen. Bestimmt werden dabei auch schöne Erinnerungen und Erlebnisse bei den Kindern geweckt, die sie den anderen mitteilen können. Im Sand spielen und buddeln oder einfach den Sand unter den Füßen spüren kann besonders glücklich machen. Die Kinder sollen sich nun überlegen, welche Sandspiele ihnen besonders viel Freude bereiten. Eines der Kinder, das gerne möchte und von Ihnen namentlich aufgerufen wird, darf nun ein Sandspiel, das ihm besonders gut gefällt, pantomimisch darstellen. Das kann z. B. eine Sandburg bauen sein. Die übrigen Kinder dürfen nun erraten, was das Kind gerade tut. Wurde das Rätsel geknackt, ruft es ein weiteres Kind auf, das nun z. B. pantomimisch darstellt, wie es einen Sandkuchen backt. Auf diese Weise werden noch ein paar Sandspiele vorgestellt, die sehr viel Freude bereiten können.

Bei diesem Praxisangebot soll den Kindern verdeutlicht werden, dass jedes Kind ein andere Spielidee haben kann, die ihm im Sandkasten Freude bereitet und glücklich macht. Das trifft natürlich nicht nur auf Sandspiele, sondern auch auf andere Freizeitaktivitäten zu. Unabhängig davon, sollten die Kinder wissen, dass Glück für jeden etwas anderes sein kann, jedoch bei allen ein unglaublich gutes Gefühl im Bauch erzeugt.

Die drei Spatzen

Christian Morgenstern (1871–1914), deutscher Dichter, Schriftsteller und Übersetzer

Alter: ab 3 Jahren

Material: Wattebäusche

Sozialform: Klein- oder Großgruppe

Zeitaufwand: 3–5 Minuten

Spielverlauf:
Die Kinder sitzen zusammen im Kreis, in dessen Mitte Sie drei Stühle eng beisammen in einer Reihe aufstellen.
Bevor Sie das Gedicht vorlesen, wählen Sie drei Kinder aus, die gerne Spatzen spielen möchten. Ein paar weitere Kinder holen sich Wattebäusche, die den Schnee darstellen.

„In einem leeren Haselstrauch,
da sitzen drei Spatzen, Bauch an Bauch.
Die drei Kinder sitzen eng beisammen in der Kreismitte.

Der Erich rechts und links der Franz
und mittendrin der freche Hans.
Das Kind, das rechts außen sitzt, meldet sich kurz per Handzeichen.
Danach tut es ihm dasjenige Kind gleich, das links außen sitzt. Das Kind in der Mitte meldet sich am Schluss.

Sie haben die Augen zu, ganz zu
und obendrüber, da schneit es, hu!
Während die drei Kinder ihre Augen schließen, kommen die anderen mit den Wattebäuschen herbeigeeilt um es über den Köpfen der Kinder „schneien" zu lassen.

Sie rücken zusammen dicht an dicht,
so warm wie der Hans hat's niemand nicht.
Die drei Kinder rücken noch enger mit ihren Stühlen zusammen.

Sie hör'n alle drei ihrer Herzlein Gepoch.
Und wenn sie nicht weg sind, so sitzen sie noch."
Die drei „Spatzen" halten jeweils eine Hand an ihr Ohr.

Obwohl die drei Spatzen allein schon durch ihr Federkleid bestens für den Winter gerüstet sind, genießen sie offensichtlich die Nähe zueinander auf dem Haselstrauch. Indem die Kinder das Gedicht „Die drei Spatzen“ von Christian Morgenstern für ein kleines Rollenspiel verwenden, können sie die Geborgenheit und Verbundenheit der drei Spatzen nachempfinden.

Willst du glücklich sein im Leben, ...

Johann Wolfgang von Goethe (1749–1832), deutscher Dichter und Naturforscher

Alter: ab 4 Jahren

Material: für jedes Kind 1 Kieselstein; evtl. Pinsel und Fingerfarben o. Ä.

Sozialform: Klein- oder Großgruppe

Zeitaufwand: 3–5 Minuten

Vorbereitung:
Wer möchte, darf seinen Kieselstein bemalen.

Spielverlauf:
Die Kinder holen ihre Steine und bilden einen Kreis.
Die Kinder dürfen nun im Uhrzeigersinn ihre Steine herzförmig in der Kreismitte anordnen. Dabei sagen sie stets, sobald ein Kind an der Reihe ist, die folgenden Zeilen des Spruchs über das Glücklichwerden von Goethe auf:

„Willst du glücklich sein im Leben,
trage bei zu and'rer Glück!"

Erst wenn alle Steine herzförmig angeordnet wurden, sagen alle noch einmal den Spruch bis zur Hälfte auf, den Sie danach vervollständigen:

„Willst du glücklich sein im Leben,
trage bei zu and'rer Glück;
denn die Freude, die wir geben,
kehrt ins eig'ne Herz zurück."

Am Schluss deuten Sie gemeinsam mit den Kindern auf das gelegte Herz im Innenkreis.

Indem jedes Kind seinen Stein für das gemeinsame Herz-Kunstwerk einsetzt, können Sie den Kindern verdeutlichen, wie viel Freude Geben machen kann. Auf diese Weise kann man nicht nur andere, sondern auch sich selbst glücklich machen.

Die Feder

Joachim Ringelnatz (1883–1934), deutscher Schriftsteller, Kabarettist und Maler

Alter: ab 3 Jahren

Material: für jedes Kind 1 Bastelfeder

Sozialform: Klein- oder Großgruppe

Zeitaufwand: 3–5 Minuten

Spielverlauf:
Die Kinder sitzen zusammen im Kreis und erhalten von Ihnen jeweils eine Bastelfeder, die sie sanft über die Haut streichen dürfen. Wie fühlt sich die Feder an? Weich oder hart? Schwer oder leicht? Und kitzelt die Feder vielleicht auf der Haut? Die Kinder dürfen das, was sie wahrnahmen, nacheinander links im Kreis herum der Gruppe mitteilen, bevor Sie das Gedicht „Die Feder" von Joachim Ringelnatz vorlesen. Dabei machen die Kinder Folgendes:

„Ein Federchen flog über Land;
Die Feder hin und her bewegen.

ein Nilpferd schlummerte im Sand.
Den Kopf zur Seite neigen und schnarchen.

Die Feder sprach: ‚Ich will es wecken!'
Sie liebte, andere zu necken.
Aufs Nilpferd setze sich die Feder
und streichelte sein dickes Leder.
Mit der Feder sich gegenseitig im Kreis berühren.

Das Nilpferd sperrte auf den Rachen
und musste ungeheuer lachen."
Fröhlich miteinander lachen.

Das lustige Gedicht „Die Feder" von Joachim Ringelnatz bringt die Kinder zum Lachen und trägt zu einer ausgelassenen Stimmung bei, die einfach guttut und glücklich macht.

Er ist's

Eduard Mörike (1804–1875), deutscher Lyriker, Erzähler und Übersetzer

Alter: ab 3 Jahren

Material: blaue Chiffontücher; 1 Harfe, 1 Klangschale oder 1 Triangel

Sozialform: Kleingruppe

Zeitaufwand: 3–5 Minuten

Spielverlauf:
Die Kinder bilden einen engen Kreis und knien sich auf den Boden hin. Die Chiffontücher legen sie in die Kreismitte. Die Kinder legen dann ihre Hände unter die Tücher und machen zu dem Gedicht „Er ist's" von Eduard Mörike, das Sie vorlesen, die folgenden Bewegungen:

„Frühling lässt sein blaues Band
wieder flattern durch die Lüfte;
Alle heben ihre Arme ruckartig nach oben, sodass die Tücher in die Luft geworfen werden.

süße, wohlbekannte Düfte
streifen ahnungsvoll das Land.
Auf die eigene Nase deuten.

Veilchen träumen schon,
wollen balde kommen.
Den Kopf zur Seite neigen und so tun, als ob man schlafen würde.

– Horch, von fern ein leiser Harfenton!
Hand an das Ohr halten und lauschen. Instrument erklingen lassen.

Frühling, ja du bist's!
Dich hab' ich vernommen!"
Daumen hochhalten

Das Gedicht „Er Ist's" von Eduard Mörike gehört zu den bekanntesten Frühlingsgedichten und wurde vielfach rezitiert und vertont. Dabei wird verdeutlicht, wie glücklich die Person, die spricht, über die Natur um sie herum ist. Indem die Kinder die dazu passenden Bewegungen machen, wird die Freude darüber besonders zum Ausdruck gebracht.

Das Lied der Vögel

August Heinrich Hoffmann von Fallersleben (1798–1874), deutscher Hochschullehrer für Germanistik, Dichter und Sammler und Herausgeber alter Schriften aus verschiedenen Sprachen

Alter: ab 3 Jahren

Material: 1 Klangschale; evtl. für jedes Kind 1 weißes DIN-A4-Papier und Wachsmalstifte

Sozialform: Kleingruppe

Zeitaufwand: 10–15 Minuten

Spielverlauf:
Die Kinder sitzen zusammen am Tisch und machen zu dem Gedicht „Das Lied der Vögel", das Hoffmann von Fallersbach verfasst hat und Sie nun vorlesen, Folgendes:

„Wir Vögel haben's wahrlich gut,
wir fliegen, hüpfen, singen.
Wir singen frisch und wohlgemut,
das Wald und Feld erklingen.
Mit dem Armen Flügelbewegungen machen.

Wir sind gesund und sorgenfrei,
und finden, was uns schmecket;
wohin wir fliegen, wo's auch sei,
ist unser Tisch gedecket.
Mit den Händen über den Tisch streichen.

Ist unser Tagewerk vollbracht,
dann zieh'n wir in die Bäume,
wir ruhen still und sanft die Nacht
und haben süße Träume.
Den Kopf zur Seite neigen und so tun, als ob man schlafen würde.

Und weckt uns früh der Sonnenschein,
Klangschale erklingen lassen. Dabei recken und strecken.

dann schwingen wir's Gefieder,
wir fliegen in die Welt hinein
und singen unsre Lieder."
Abermals mit dem Armen Flügelbewegungen machen.

Das Gedicht „Das Lied der Vögel" verdeutlicht, dass man sich im Leben nicht ständig Sorgen zu machen braucht, sondern auch einfach die Sachen etwas gelassener und entspannter angehen kann. Indem die Kinder ein Bild von den Vögeln malen und sich überlegen, wohin sie z. B. mit einem Regenschirm in Gedanken fliegen würden, werden sie bestimmt auf ganz tolle Ideen kommen, die vor allem auch ihre Herzen höher schlagen lassen.

Wer aufhört, Fehler zu machen, …

Theodor Fontane (1819–1898), deutscher Schriftsteller, Journalist und Kritiker

Alter: ab 5 Jahren

Material: –

Sozialform: Klein- oder Großgruppe

Zeitaufwand:

Spielverlauf:

Der Erste sagt: „Ich habe ein Zahl falsch gemacht
und alle haben so sehr gelacht."

Eine Faust bilden und den Daumen ausstrecken.

Der Zweite sagt: „Einen Fehler kann jeder machen.
Es gibt wirklich schlimmere Sachen!"

Danach den Zeigefinger und …

Der Dritte sagt: „Aus Fehlern lernt man wirklich sehr gut
Hab' etwas mehr Vertrauen und Mut!"

… schließlich den Mittelfinger ausstrecken.

Der Erste sagt: „Ich weiß, ich kann es richtig machen.
Und dann vergeht allen das Lachen!"

Eine Faust bilden und dann den Daumen hochhalten.

Im Anschluss daran lesen Sie den Kindern das Zitat von Theodor Fontane vor, das wie folgt lautet:

„Wer aufhört, Fehler zu machen, lernt nicht dazu!"

Erzählen Sie den Kindern, dass das bereits der bekannte Schriftsteller Theodor Fontane vor mehr als hundert Jahre wusste. Denn jeder Mensch hat Fehler und darf auch Fehler machen. Es ist jedoch wichtig, dass man aus seinen Fehlern lernt und sich, falls nötig, dafür entschuldigt.

Erklären Sie den Kindern, dass noch kein Meister und keine Meisterin vom Himmel gefallen ist. Um ein Fachmann oder eine Fachfrau zu werden, muss man eben viel lernen, sich etwas zutrauen und somit auch Fehler machen dürfen. Wenn man das weiß, wird man auch viel fröhlicher und glücklicher durchs Leben gehen und sich nicht sofort entmutigen lassen, falls etwas nicht auf Anhieb klappen sollte.

Heile, heile Segen

Traditionell

Alter: ab 3 Jahren

Material: für jedes Kind 1 Stofftier oder 1 Puppe

Sozialform: Klein- oder Großgruppe

Zeitaufwand: 3–5 Minuten

Spielverlauf:

Jedes Kind holt sich ein Stofftier oder eine Puppe und setzt sich zu den anderen in den Stuhlkreis.

Zu Beginn fragen Sie die Kinder, welchen Gesichtsausdruck sie machen, wenn sie traurig sind oder gar weinen müssen. Wer möchte, stellt sich vor seinen Stuhl und zeigt, woran man das erkennen kann. Dabei können die Kinder z. B. schluchzen oder so tun, als ob sie weinen würden.

Im Anschluss daran fragen Sie die Kinder, was man tun kann, wenn ein anderes Kind traurig ist. Die Kinder rufen ihre Antworten heraus, z B. Umarmen, ein Taschentuch geben oder gar über den Kopf streicheln. Zudem kann ein Spruch zum Trösten, den Sie nun vorlesen, wieder Mut, Kraft und Zuversicht geben. Dabei dürfen alle Kinder ihre Teddys, Puppen & Co. in den Arm nehmen und im Takt hin und her schaukeln:

1. „Heile, heile Segen,
morgen gibt es Regen,
übermorgen Sonnenschein,
dann wird's bald wieder besser sein."

2. Heile, heile Segen,
morgen gibt es Regen,
übermorgen Schnee,
dann tuts nicht mehr weh!"

Mithilfe des traditionellen Spruchs „Heile heile Segen!“ soll den Kindern verdeutlicht werden, dass alles vorübergeht. Folglich wird kein Mensch auf der Welt ständig traurig, sondern auch irgendwann wieder fröhlich und glücklich sein.

Steigt ein Büblein auf den Baum

Volksgut

Alter: ab 3 Jahren

Material: evtl. für jedes Kind 1 Bäumchen aus Holz oder 1 ein kleines Stück grünes Tonpapier, Schere, Bleistift, Schminkstifte

Sozialform: Kleingruppe

Zeitaufwand: 5–10 Minuten

Vorbereitung:
Die Kinder malen sich auf ihren linken oder rechten Zeigefinger jeweils ein lachendes Gesicht. Evtl. zeichnen Sie für jedes Kind ein Bäumchen auf das grüne Tonpapier, welches die Kinder ausschneiden dürfen.

Spielverlauf:
Jedes Kind holt sich ein Bäumchen aus Holz, Papier o. Ä. Danach setzen sich alle Kinder gemeinsam an einen Tisch oder in den Stuhlkreis und machen zu dem altbekannten Text Folgendes:

„Steigt ein Büblein auf den Baum,
ei so hoch man sieht es kaum!
Zeigefinger hinter dem Baum verstecken und diesen langsam hervorschauen lassen.

Hüpft von Ast zu Ästchen,
schaut ins Vogelnestchen.
Den Zeigefinger, der hinter dem Baum hervorschaut, hin und her bewegen.

Ui – da lacht es,
hui – da kracht es!
Plumps da liegt es drunten."
Den Zeigefinger hinter dem Baum verschwinden lassen und mit diesem dann auf den Oberschenkel tippen.

Manches, was voller Freude und Zuversicht im Leben beginnt, kann auch mal schiefgehen. Wie schön, wenn dann nichts Ernsthaftes passiert und man vielleicht sogar über das eigene Missgeschick herzhaft lachen kann. Lassen Sie die Kinder erzählen, ob sie auch schon einmal so eine ähnliche Situation, so wie vielleicht zuvor beschrieben, erlebt haben.

Das beste zum Spielen ...

Friedrich Wilhelm August Fröbel (1782–1852), deutscher Pädagoge, Schüler von Pestalozzi „Erfinder" des Kindergartens

Alter: ab 3 Jahren

Material: –

Sozialform: Klein- oder Großgruppe

Zeitaufwand: 3–5 Minuten

Spielverlauf:
Die Kinder sitzen zusammen im Kreis.
Erzählen Sie den Kindern, dass der Erfinder des Kindergartens Friedrich Wilhelm August Fröbel Folgendes gesagt hat:

„Das beste zum Spielen für ein Kind
ist ein anderes Kind!"

Danach sollen die Kinder überlegen, was zu zweit besonders viel Spaß macht. Wer möchte, darf ein Spiel benennen, wie z. B. „Mensch ärgere dich nicht".
Wurden ein paar Ideen zusammengetragen, lesen Sie den folgenden Text vor, zu dem die Kinder die dazu passenden Bewegungen machen:

„Es ist viel schöner zu zweit etwas zu machen.
Miteinander können wir spielen, singen und lachen.
Sich gegenseitig die Hände reichen und einen geschlossenen Kreis bilden.

Im Sand buddeln macht zu zweit sehr viel Freude.
Sich gegenseitig loslassen und so tun, als ob man ein Loch im Innenkreis buddeln würde.

Ein Ballspiel macht zu zweit sehr viel Freude.
So tun, als ob man sich gegenseitig einen Ball zuwerfen würde.

Ein Würfelspiel macht zu zweit sehr viel Freude.
So tun, als ob man würfen würde.

Und was spielen wir nun gemeinsam heute?"
Die Kinder überlegen sich, mit wem sie was nun gerne spielen wollen.

Indem die Kinder sich überlegen, was zu zweit viel mehr Spaß machen kann, werden sie bestimmt auf viele schöne Spielideen kommen, die sie im Anschluss an dieses Praxisangebot miteinander ausprobieren können. Auf diese Weise wird ihnen auch bewusst gemacht, das es unzählige Dinge gibt, die mit einem anderen Kind zum Spielen besonders viel Spaß machen.

Anhang

Register

Literatur

Bartram, Angelika & Rogge, Jan-Uwe (2006): Kleine Helden – großer Mut: Geschichten, die stark machen. Hamburg: Rowohlt

Bartram, Angelika & Rogge, Jan-Uwe (2007): Kleine Helden – Riesenwut: Geschichte, die stark machen. Hamburg: Rowohlt

Bücken-Schaal, Monika (2021): 30 Gefühlskarten für Kinder: Sozial-emotionale Entwicklung fördern. München: Don Bosco

Diepmann, Rita & Schmittgen, Margret (2022): Ich spüre mich: 30 Bildkarten zur Körperwahrnehmung. Übungen und Spiele für Kinder. München: Don Bosco

Heine, Hannah (2021): Elternstärken: Kompetenzen und Ressourcen erkennen und entwickeln. 120 Impulskarten für Therapie und Beratung. Weinheim: Beltz

Erkert, Andrea & Rusche, Heiner (2018): Alltagsrituale im Kindergarten. Lieder, Reime und Spiele von der Begrüßung bis zum Abschied. Mit Musik-CD. München: Don Bosco

Erkert, Andrea & Rusche, Heiner (2019): Bitte, danke, gern geschehen: Gutes Benehmen in der Kita. Mit Liedern, Reimen und Spielen. Mit Musik-CD. München: Don Bosco

Erkert, Andrea (2007): Das Kreisspiele Buch: Temporeiche und ruhige Spielideen für alle Gelegenheiten. Aachen: Ökotopia

Erkert, Andrea (2010): Das Stuhlkreisspiele Buch: Bewegte und ruhige Spielideen zu jeder Zeit und zwischendurch. Aachen: Öktotopia

Erkert, Andrea & Janetzko, Stephen (2019): Heute haben wir Besuch: Mit Mama und Papa gemeinsam singen, lachen, spielen in der Kita. Mit Musik-CD. München: Don Bosco

Erkert, Andrea (2021): Im Morgenkreis den Teamgeist wecken: Teamspiele für Kindergartenkinder leicht gemacht. Dortmund: verlag modernes lernen

Erkert, Andrea (2020): Lasst uns an einem Strang ziehen: Teambuilding-Spiele für Kinder im Alter von 5 bis 8 Jahren. Dortmund: verlag modernes Lernen

Erkert, Andrea (2021): Mobbing fängt klein an: Kinder an das Thema „Mobbing“ heranführen und für das eigene Handeln sensibilisieren. Dortmund: verlag modernes lernen

Erkert, Andrea (2022): Psst, manchmal ist auch leise schön! Ruhemomente im Kindergarten schaffen. Lahr: Kaufmann

Erkert, Andrea (2009): Streiten, helfen, Freunde sein: Spiele, Lieder und anregende Angebote zur Förderung von Toleranz, emotionaler und sozialer Kompetenz in Kindergarten und Grundschule. Aachen: Ökotopia

Erkert, Andrea (2020): Tschüss, Ärger, Zorn und Wut: Spielerisch mit Wut und anderen

Emotionen umgehen lernen. Lahr: Kaufmann

Erkert, Andrea (2021): Weniger ICH, mehr WIR: Wie Kindergartenkinder durch tolle „Aha"-Erlebnisse und prosoziales Verhalten lernen und alle gewinnen. Dortmund: verlag modernes lernen

Erkert, Andrea, Hemming, Antje & Schlösser, Elke (2016): Willkommen in unserer Kita: Spiele und Methoden für eine gelungene Integration. Aachen: Ökotopia

Erkert, Andrea (2021): Wir bleiben cool! Spielerisch innere und äußere Störfaktoren ausleben und sich selbst regulieren lernen. Lahr: Kaufmann

Faller, Kurt & Faller, Sabine (2013): Kinder können Konflikte klären: Meditation und soziale Frühförderung im Kindergarten. Ein Trainingsbuch. Aachen: Ökotopia

Gully, Angela (2021): Traurig, wütend oder froh? Denk- und Legespiele zu Gefühlen für Kinder von 3 bis 6. München: Don Bosco

Jaede, Wolfgang (2007): Kinder für die Krise stärken: Selbstvertrauen und Resilienz fördern. Freiburg im Breisgau: Herder spektrum

Klingler, Daniela (2021): Werte-und sinnesorientierte Pädagogik: Kinder stärken und begleiten. Frühpädagogische Konzepte praktisch umsetzen. Mülheim an der Ruhr: Cornelsen

Liebertz, Charmaine (2017): Herzensbildung: Themenkarten für Teamarbeit, Elternabende und Seminare. München: Don Bosco

Pfeffer, Simone (2017): Sozial-emotionale Entwicklung fördern: Wie Kinder in der Gemeinschaft stark werden. Freiburg im Breisgau: Herder

Portmann, Rosemarie (2021): Die 50 besten Spiele für mehr Empathie: München: Don Bosco

Portmann, Rosemarie (2009): Die 50 besten Spiele für mehr Sozialkompetenz. München: Don Bosco

Wittmer, Donna S & Clausen, Deanna W. (2019): Von Kratzbürsten und Schmusebären: Die sozial-emotionale Entwicklung von Kleinst- und Kleinkindern verstehen und fördern: Dortmund: verlag modernes lernen

Über die Autorin

Andrea Erkert ist Erzieherin, Entspannungspädagogin und Fachlehrerin einer Grundschulförderklasse in der Nähe von Stuttgart und verfügt über mehrjährige Berufserfahrung als Leiterin einer 5-gruppigen Kita. Seit über 30 Jahren bietet sie im In- und Ausland praxisnahe Fortbildungen und Elternabende in Kindergärten und Grundschulen zu verschiedenen Themen an. Die Autorin hat bereits zahlreiche spielpädagogische Bücher veröffentlicht, von denen die meisten in mehrere Sprachen übersetzt wurden. Inzwischen gehören ihre Veröffentlichungen zur Standardausstattung vieler Kinderkrippen und Kindergärten und werden auch gerne in Horten und Grundschulen eingesetzt.

Sie können Andrea Erkert für Fortbildungen und Elternabende sowie Onlineseminare u. a. zu dem Thema „Emotionale Intelligenz bei Kindern fördern!" in Ihre Kita oder in Ihre Schule einladen. Darüber hinaus bietet sie auch Online-Fortbildungen für ErzieherInnen und LehrerInnen sowie Online-Elternabende zu verschiedenen Themen an.

andrea.erkert@icloud.com
Tel.: 07191 908357
Mobil: 0151 18533976

Raum für Notizen

Raum für Notizen

Raum für Notizen

Raum für Notizen

Raum für Notizen

Raum für Notizen

Ausgezeichnete Bücher für Ihre Praxis ...

vml Perspektiven

Mariele Diekhof

Kita KITOPIA

Eine Reise ins Land der spannenden Pädagogik für PädagogInnen und Eltern
Ein Abenteuer-Fachroman der ganz besonderen Art

die schönsten deutschen bücher shortlist 2016

Dieses Buch beschreibt in faszinierend ungewohnter Art und Weise, wie gute Pädagogik in Kitas gelingen kann: mit erfolgreicher Bildungsarbeit, fernab vom Überaktionismus und der allgemein verbreiteten Angebotspädagogik. Es ist eine Einladung zu einer abenteuerlichen und spannenden Reise, die in ein aufregendes Land führt, in ein Land voller Phantasie, Zauberei, Bildung und Lebenslust. Alles spielt in der „KITOPIA", in einer virtuellen Kita, in der die Kinder Kind sein dürfen und von herzlichen und professionellen ErzieherInnen begleitet werden. Das Buch schenkt unzählige Einblicke hinter die Kulissen, weckt die Neugier und eröffnet völlig neue Denkansätze. 24 Türen warten darauf geöffnet zu werden: Hinter jeder Tür verbergen sich bunte Bilder, Begegnungen und inspirierende Geschichten, die zum Staunen, Lachen und Nachdenken anregen. Die Leser werden kleinen und großen Menschen begegnen, von ihren Träumen, Wünschen und Visionen erfahren und sie im alltäglichen Tun begleiten. Sie sind mittendrin im pulsierenden Alltag, spüren die Lebenslust und die Leichtigkeit.

(2016 in der Shortlist der Stiftung Buchkunst, als eines der schönsten Bücher Deutschlands.)

„Freiheit, Abenteuer, Lebenslust statt Förderwahn und Leistungsfrust! Es gibt noch viele interessante Ideen in dem Buch, z.B.: Die Tür zum Büro der Leitung, Die Tür zur Kinderkonferenz, Die Tür zur Eltern-Klön-Ecke. Ich bin so begeistert von diesem Konzept, dass ich jedem nur empfehlen kann, das Buch zu lesen und zu spüren, wie viel Leichtigkeit und Spaß die Arbeit in einem Kindergarten beinhalten kann." Britta Fichert, Theraplay – Schwierige Kinder Journal

„Es ist wohltuend, in der aktuellen Menge frühpädagogischer Literatur genau dieses Buch in den Händen zu halten. Es theoretisiert nicht herum, konzentriert sich von Anfang an auf die Praxis, folgt keinen dogmatischen Pädagogiktrends, läuft keiner bildungspolitischen Strömung hinterher und bringt stets das Wesentliche, ohne Umschweife, auf den Punkt." Dr. Armin Krenz, KiTa aktuell

4. Aufl. 2021, 320 S., zweifarbig, Format 16x23cm, Klappenbroschur
ISBN 978-3-8080-0777-8 | Bestell-Nr. 1264 | 26,95 Euro

Isolde Albers / Anja Reincke

Zwei kleine Kreise gehen auf die Reise ...

Mal-Reime: Wie Hand und Mund sich helfen – Mit kognitiven Strategien und Kreativität zum Erfolg

Dies ist ein Buch für alle, die Kinder und Enkelkinder zum Malen verführen wollen. Das Besondere der Mal-Reime ist, dass zeitgleich gesprochen und gemalt wird. So entsteht Schritt für Schritt „mit Hand und Mund" ein schönes Bild, das mit Phantasie und Kreativität weiter ausgeschmückt werden kann. Ein wunderbares Buch, das kleine und große Künstler erfolgreich und stolz machen wird. Spaß und Freude am Prozess und am Ergebnis der Mal-Reime sind garantiert!

„Die Zeichnungen und Texte sind ganz einladend, ansprechend und liebevoll gestaltet. Da bekommt man sofort Lust loszuzeichnen!!! So ein Buch hat uns wirklich gefehlt. Endlich einmal sinnvoll und nicht so langweilige Grafomotorikblätter ..." Britta Winter, Ergotherapeutin

„Meine Enkelin (3) und ich haben einen Riesenspaß mit den 'Strich-Malereien'. Mein Sohn (Logopäde) ist ebenfalls begeistert." Leserstimme

„Ich bin begeistert von diesem Buch! Schon lange habe ich mir so etwas gewünscht. Herzlichen Dank den Autorinnen!" Erzieherin

3. Auflage, 116 S., farbige Abb., Format DIN A4, Ringbindung, Alter: 4-99, **ISBN 978-3-8080-0734-1 | Bestell-Nr. 1606 | 18,80 Euro**

Ursula Hahnenberg / Daniela Diephaus

Das große Förder-Spiele-Buch 1

2-4 Jahre

Eltern, Erzieher und Therapeuten haben ein gemeinsames Ziel: sie wollen Kinder optimal auf die vielfältigen Anforderungen, mit denen sie heute täglich konfrontiert werden, vorbereiten. In diesem Buch werden fachkundig und verständlich Spiele, Basteleien und Beschäftigungsmöglichkeiten aufgezeigt, mit denen Wahrnehmung, Grob- und Feinmotorik, Kognition, Kreativität, Sprache und Persönlichkeit gefördert werden.

Hier werden einfache und kostengünstige Ideen für Kinder ab 2 Jahren vorgestellt, die ergotherapeutisch kommentiert und in der Praxis erprobt sind. Übersichtliche Darstellungen helfen dabei, schnell die richtige Beschäftigung für jede Gelegenheit zu finden. Ein unentbehrlicher Ideenratgeber für ErzieherInnen, TherapeutInnen und die ganze Familie!

„Das Buch ist meiner Meinung nach ideal geeignet für Eltern mit Kindern zwischen 2-4 Jahren. Alle Spiel- und Beschäftigungsideen kann man mit sehr geringem Material- und Zeitaufwand umsetzen.

Für alle Eltern, angehende Erzieherinnen und Krippenpersonal kann das Buch durch die Fülle und die Angebotsbreite eine sehr sinnvolle Ideensammlung sein." Daniela Pfaffenberger, Erzieherin

3. Auflage, 176 S., farbige Abb., 16x23cm, Klappenbroschur, Alter: 2-4
ISBN 978-3-938187-68-5 | Bestell-Nr. 9417 | 16,95 Euro

120/10-21

verlag modernes lernen

Schleefstraße 14, D-44287 Dortmund
Telefon 0231 128008, Fax 0231 125640
E-Mail: info@verlag-modernes-lernen.de
Leseproben und Bestellen im Internet: www.verlag-modernes-lernen.de

(Wieder) zusammenwachsen und zusammenhalten – für ein soziales Miteinander

Andrea Erkert

Zum Shop

Lasst uns an einem Strang ziehen

Teambuilding-Spiele für Kinder im Alter von 5 bis 8 Jahren

Teamfähigkeit ist eine wichtige Stärke. Umso bedeutsamer ist es, dass sich auch Kinder in Teamarbeit üben. Aber Vorsicht: Nur weil ein paar Kinder eine Gruppe bilden, muss sich daraus noch lange keine Teamarbeit entwickeln! Dieses Buch zeigt, wie man mithilfe von Teambuilding-Spielen einer Kindergruppe oder Schulklasse den Sinn und Zweck von Teamarbeit vermitteln kann, sodass alle motiviert und höchst interessiert gemeinsame Ziele verfolgen. Spielerisch werden so nicht nur relevante Kompetenzen, gerade auch im Hinblick auf das schulische und das spätere berufliche Weiterkommen, gefördert, sondern vor allem auch viel Freude an Teamarbeit und das Können, sich in verschiedenen Situationen zurechtzufinden, gestärkt.

● 176 S., farbige Abb., Format 16x23cm, Klappenbroschur
Alter: 5–8 | ISBN 978-3-8080-0872-0 | **Bestell-Nr. 1316** | **€ 18,80**

Andrea Erkert

Zum Shop

Im Morgenkreis den Teamgeist wecken

Teamspiele für Kindergartenkinder leicht gemacht

Bereits die Kleinsten lieben es, sich gegenseitig im Morgenkreis zu begegnen und den Gruppenzusammenhalt zu spüren. Deshalb ist es sinnvoll, einfache Teamspiele in den Morgenkreis zu integrieren, die in besonderem Maße den Teamgeist wecken und das Wir-Gefühl stärken. Mithilfe der Praxisideen aus diesem Buch gelingt das Vorhaben im Handumdrehen. Die Kinder genießen im Morgenkreis das Zusammensein, fühlen sich dazugehörig und setzen sich aktiv auf höchst verspielte Weise für die gemeinsame Sache ein, um dann mit vereinten Kräften schnell und sicher ans Ziel zu kommen. Dabei nehmen sie ihre Gruppe als ein starkes Team wahr, das auch Schwächen verkraften kann. Es tut gut von klein auf zu erleben, dass man nicht alles können muss, um erfolgreich ein miteinander vereinbartes Ziel zu erreichen. Die Freude an Teamspielen spiegelt sich vor allem auch in den Gesichtern der Kindern wider, sodass sie später in der Schule besonders offen und begeistert der modernen Teamarbeit gegenüberstehen, der übrigens im Zeitalter der Digitalisierung ein hoher Stellenwert beigemessen wird.

● 2021, 176 S., farbige Abb., Format 16x23cm, Klappenbroschur
Alter: 3–6 | ISBN 978-3-8080-0890-4 | **Bestell-Nr. 1321** | **€ 18,80**

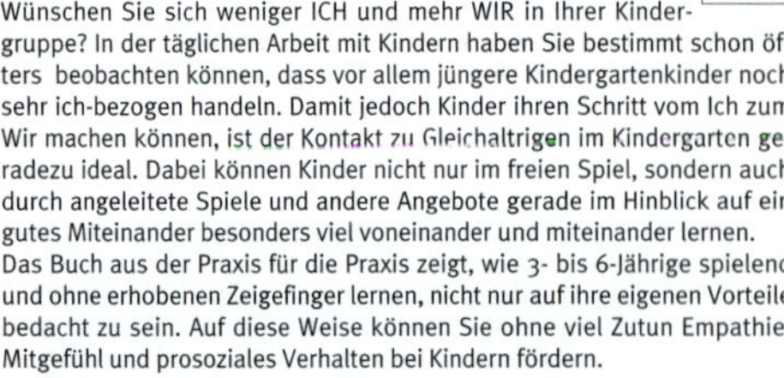

Andrea Erkert

NEU

Zum Shop

Weniger ICH, mehr WIR

Wie Kinder durch tolle „Aha"-Erlebnisse prosoziales Verhalten lernen und alle gewinnen

Wünschen Sie sich weniger ICH und mehr WIR in Ihrer Kindergruppe? In der täglichen Arbeit mit Kindern haben Sie bestimmt schon öfters beobachten können, dass vor allem jüngere Kindergartenkinder noch sehr ich-bezogen handeln. Damit jedoch Kinder ihren Schritt vom Ich zum Wir machen können, ist der Kontakt zu Gleichaltrigen im Kindergarten geradezu ideal. Dabei können Kinder nicht nur im freien Spiel, sondern auch durch angeleitete Spiele und andere Angebote gerade im Hinblick auf ein gutes Miteinander besonders viel voneinander und miteinander lernen. Das Buch aus der Praxis für die Praxis zeigt, wie 3- bis 6-Jährige spielend und ohne erhobenen Zeigefinger lernen, nicht nur auf ihre eigenen Vorteile bedacht zu sein. Auf diese Weise können Sie ohne viel Zutun Empathie, Mitgefühl und prosoziales Verhalten bei Kindern fördern.

● 2022, 176 S., farbige Abb., Format 16x23cm, Klappenbroschur
Alter: 3–6 | ISBN 978-3-8080-0892-8 | **Bestell-Nr. 1322** | **€ 18,80**

Andrea Erkert

NEU

Zum Shop

Kinder brauchen Herzensbildung

Spiele und andere Angebote zur Förderung der emotionalen Intelligenz

Emotionale Intelligenz erlangen die Kinder allein schon durch den Kontakt mit den anderen im Kindergarten. Sie lässt sich jedoch durch ein regelmäßiges Training steigern. An dieser Stelle kommt dieses Buch zum Einsatz. Es enthält eine Reihe an Spielen und anderen Angeboten, die den Bedürfnissen und Interessen von Kindern im Alter von 3 bis 6 Jahren gerecht werden. Spielerisch und voller Freude lernen die Kinder u. a., auf ihre Emotionen und Gefühle zu achten, einen guten Umgang mit sich selbst und anderen und nicht gleich aufzugeben, wenn etwas auf Anhieb nicht funktioniert. Darüber hinaus üben sie sich, klar und verständlich auszudrücken und nicht bei jeder Kleinigkeit sofort die Nerven zu verlieren. Zu alledem lernen sie auch auf verspielte Weise einfache Zitate, Sprüche und Lebensweisheiten kennen, die ihnen Kraft und Zuversicht geben und vor allem die Herzen berühren. Kurzum – ein ansprechender Praxisbegleiter für die Herzensbildung im Kindergarten.

● 2022, 176 S., farbige Abb., Format 16x23cm, Klappenbroschur
Alter: 3–6 | ISBN 978-3-8080-0893-5 | **Bestell-Nr. 1323** | **€ 18,80**

Andrea Erkert

Hilfe bei Cybermobbing!

Zum Shop

Mobbing fängt klein an

Kinder an das Thema „Mobbing" heranführen und das eigene Handeln sensibilisieren

Mobbing unter Kindern ist ein ernsthaftes Problem, das nicht verharmlost oder ignoriert werden darf. Damit jedoch weder persönliche Attacken noch verbale Angriffe über elektronische Kommunikationsmittel gegen ein Kind zum Normalzustand in der Grundschule werden, müssen eindeutige Stopp-Signale gesetzt werden, die für alle Klassen verbindlich sind. Die Autorin zeigt, was Sie bei Verdacht auf Mobbing tun können. Ein besonderes Augenmerk hat sie auch auf die Prävention gelegt. Mithilfe von Praxisideen, Kopiervorlagen & Co. können Sie ohne viel Aufwand und erhobenen Zeigefinger alle Grundschulkinder erreichen und dazu ermutigen, sich eindeutig gegen (Cyber-)Mobbing und Gewalt zu stellen. Mit viel Fingerspitzengefühl wird den Kindern so bewusst gemacht, dass (Cyber-)Mobbing und Gewalt nicht nur ein Problem zwischen ein paar Kindern ist, sondern auch erheblich das Klima in der Klasse und sogar das der ganzen Schule negativ beeinflussen kann.

● 2021, 176 S., farbige Abb. Format 16x23cm, Klappenbroschur

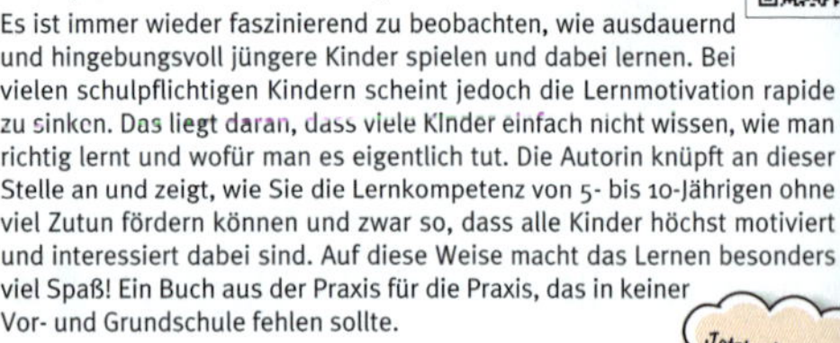

Andrea Erkert

NEU

Zum Shop

Kinder brauchen Lernspaß

Lernkompetenz anders fördern – selbstständiges Lernen lernen

Es ist immer wieder faszinierend zu beobachten, wie ausdauernd und hingebungsvoll jüngere Kinder spielen und dabei lernen. Bei vielen schulpflichtigen Kindern scheint jedoch die Lernmotivation rapide zu sinken. Das liegt daran, dass viele Kinder einfach nicht wissen, wie man richtig lernt und wofür man es eigentlich tut. Die Autorin knüpft an dieser Stelle an und zeigt, wie Sie die Lernkompetenz von 5- bis 10-Jährigen ohne viel Zutun fördern können und zwar so, dass alle Kinder höchst motiviert und interessiert dabei sind. Auf diese Weise macht das Lernen besonders viel Spaß! Ein Buch aus der Praxis für die Praxis, das in keiner Vor- und Grundschule fehlen sollte.

Jetzt schon im Shop vorbestellbar!

● **2022 (Okt.)**, 176 S., farbige Abb., Format 16x23cm, Klappenbroschur | Alter: 5–10
ISBN 978-3-8080-0898-0 | **Bestell-Nr. 1328** | **€ 18,80**